**Potenzial Großsiedlung
Zukunftsbilder für die Neue Vahr**

Katja-Annika Pahl, Iris Reuther, Peter Stubbe, Jürgen Tietz (Hg.)

jovis

# Potenzial Großsiedlung
# Zukunftsbilder für die Neue Vahr

Katja-Annika Pahl, Iris Reuther, Peter Stubbe, Jürgen Tietz (Hg.)

jovis

Inhalt

Editorial

## Die Neue Vahr

**Die Neue Vahr und die Wiederentdeckung der späten Moderne**
Jürgen Tietz — 10

**Eine sichere Bank für das bezahlbare Wohnen in Bremen**
Iris Reuther und Peter Stubbe im Gespräch mit Jürgen Tietz — 18

**Geschichte und Zukunft eines Bremer Stadtquartiers**
Jürgen Tietz — 32

## Das Verfahren

**Eine interdisziplinäre Werkstatt**
Katja-Annika Pahl — 48

**Planung für eine vollendete Zukunft?**
Jürgen Aring — 54

**Lass es Vahr werden!**
Thomas Kuder — 58

## Blick auf den Bestand

**Bilder der Neuen Vahr**
Fotografien von Frank-Heinrich Müller — 64

## Die Ergebnisse des Verfahrens

**Zukunftsbilder für die Neue Vahr**
Vanessa Miriam Carlow, Dirk Christiansen, Konrad Rothfuchs, Christian Scheler — 80

**Mobile Stadt**
Konrad Rothfuchs, Christian Scheler / ARGUS, Hamburg — 84

**Blau-Grüne Stadt**
Dirk Christiansen / bgmr, Berlin — 102

**Stadt für Alle**
Vanessa Miriam Carlow / COBE Berlin — 118

## Einordnung

**Rückschau und Ausblick**
Bernd Hunger — 134

**Denkmal Neue Vahr?**
Hans-Rudolf Meier — 136

**Stadtalltage beleben**
Angelus Eisinger — 142

**Ein Baustein der Stadtentwicklung**
Joachim Lohse — 150

## Anhang

Autoren und Beteiligte, Bildnachweis, Impressum — 155

Bauschild für die Neue Vahr
im Jahr 1957

## Editorial

Die Neue Vahr ist ein urbanes Erfolgsmodell. Zu Beginn der 1960er Jahre als „Stadt der Zukunft" errichtet, zeigt sie sich heute als ein durchgrünter Bremer Stadtteil, in dem es sich seit 60 Jahren gut leben lässt.

Mit dem Leitbildprozess Neue Vahr stößt die Wohnungsbaugesellschaft GEWOBA im Jahr 2017 gleichwohl ein Nachdenken über die Zukunft einer der größten deutschen Wohnsiedlungen der Nachkriegsmoderne an, um auf die sich verändernden sozialen, kulturellen, gesellschaftlichen und wirtschaftlichen Rahmenbedingungen reagieren zu können. Aus der genauen Analyse der Bewohnerschaft und des baulichen Bestandes, der Infrastruktur sowie der Grünräume wurden in enger Abstimmung mit Architekten, Stadt-, Verkehrs- und Landschaftsplanern sowie externen Experten und den Bewohnern Zukunftsbilder für die künftige Entwicklung der Neuen Vahr diskutiert und formuliert. Dabei wurde untersucht, was gut ist in der Neuen Vahr und was noch besser werden kann, welche Bedarfe von den Bewohnern formuliert werden und wie man die Neue Vahr für zukünftige Bewohner weiterentwickeln kann. Einige Konzeptaussagen können zeitnah in konkrete Planungen und Projekte umgesetzt werden. Andere sind eher perspektivisch angelegt und geben eine langfristige Orientierung.

Der Leitbildprozess Neue Vahr versteht sich als Diskussionsgrundlage, um neue Impulse zu setzen und Angebote zu unterbreiten. Seine Ergebnisse, die in diesem Buch von den beteiligten Akteuren vorgestellt werden, geben Orientierungen und Zukunftsperspektiven für das qualitätvolle gemeinschaftliche Zusammenleben in der Neuen Vahr als einer Stadt des 21. Jahrhunderts, in der bezahlbares Wohnen in einer gesunden grünen Umwelt möglich bleibt und die gut vernetzt ist mit dem übrigen Bremer Stadtgebiet. Mit diesem ganzheitlichen Ansatz besitzt der Leitbildprozess das Potenzial, eine Vorbildfunktion für andere Großsiedlungen der Moderne in Deutschland und in Europa wahrzunehmen.

Die Herausgeber

Der Architekt Richard Neutra zu Besuch in der Neuen Vahr im Juni 1960

## Die Neue Vahr und die Wiederentdeckung der späten Moderne

Jürgen Tietz

Der Leitbildprozess blickt auf Bewohner und Potenziale der Großsiedlung Neue Vahr und formuliert beispielhaft Strategien, um diese „Stadt der Zukunft" fit für die nächsten Zukünfte zu machen. Damit gibt er wichtige Impulse für die Diskussion über Denkmalwerte und Entwicklungsmöglichkeiten von Großsiedlungen in Deutschland.

Keine Frage, die Architektur der späten Moderne, die in den Jahren zwischen 1960 und 1975 entstanden ist, liegt im Trend. Twitter auf und Instagram ab wird derzeit vor allem der Brutalismus (von franz. „béton brut" = rauer Beton") gefeiert, dessen spröde Sichtbetonästhetik zuvor lange Jahre verpönt war. Mit dieser medialen Begeisterung geht eine wachsende Zahl an Veröffentlichungen einher und das keineswegs allein in Deutschland. Der Brutalismus-Hype ist zum globalen Phänomen aufgestiegen. Zugleich trägt die Renaissance des Brutalismus dazu bei, dass die Aufmerksamkeit für die Architektur der späten Moderne insgesamt gewachsen ist. In diese vielschichtige Auseinandersetzung und positive Neubewertung der Nachkriegsarchitektur fügt sich der aktuelle Leitbildprozess für die Neue Vahr ein, der in diesem Buch ausführlich dokumentiert wird. Seine besondere Bedeutung gewinnt er daraus, dass er über eine Bestandsaufnahme weit hinaus geht. Der Leitbildprozess blickt auf Bewohner und Potenziale der Großsiedlung Neue Vahr und formuliert beispielhaft Strategien, um diese „Stadt der Zukunft" fit für die nächsten Zukünfte zu machen. Damit gibt er wichtige Impulse für die Diskussion über Denkmalwerte und Entwicklungsmöglichkeiten von Großsiedlungen in Deutschland.

In den letzten Jahren sind von Köln über Bonn bis Hamburg etliche regionale Baukultur-Initiativen entstanden, die die Bauten der späten Moderne in den Blick nehmen. Darüber hinaus widmen sich lesenswerte Untersuchungen den Plattenbauten im Osten der Republik oder fragen, mit Blick auf die Architektur der 1960er und 1970er Jahre: „Welche Denkmale welcher Moderne?" Diese intensive Beschäftigung mit der Baukunst der späten Moderne ist Kennzeichen eines Paradigmenwechsels in der Bewertung der zweiten Phase der Nachkriegsarchitektur, die seit den 1960er Jahren errichtet wurde. Einen wichtigen Anschub hat dieser Diskurs bereits zur Jahrtausendwende erhalten. Damals widmete sich Ralf Lange in der Schriftenreihe des Deutschen Nationalkomitees für Denkmalschutz (DNK) dem Thema „Architektur und Städtebau der sechziger Jahre" (2003). Seitdem befassen sich immer mehr Arbeiten mit einzelnen Architekten dieser Zeit, widmen sich prägenden Bauaufgaben wie den Kirchen und Gemeindezentren oder bieten in Architekturführern einen regionalen Überblick über die Bauten dieser Epoche. Einen weiteren Akzent erhält diese Diskussion dadurch, dass sie in Deutschland an den beiden unterschiedlichen politischen Systemen nachvollzogen werden kann, die bis 1990 das Land bestimmten.

Erstaunlicherweise spielte die wichtigste und mengenmäßig mit Abstand größte Bauaufgabe der späten Moderne, der Wohnungsbau, dabei in der architekturgeschichtlichen Literatur lange Zeit eine eher untergeordnete Rolle. Das überrascht nicht zuletzt deshalb, weil gerade die Großsiedlungen der 1960er Jahre, die vielfach in den urbanen Randgebieten entstanden sind, lange zu einer besonderen Reibung in der öffentlichen Diskussion beigetragen haben. Mit ihrer vermeintlichen Anonymität und Dysfunktionalität wurden sie schnell als baukulturelles Feindbild ausgemacht. Der Diskurs über sie wurde in der Öffentlichkeit, den Feuilletons aber auch unter den Fachleuten aus Stadtplanung und Architektur oft polemisch zugespitzt. Das führte jenseits aller wirklichen und vorgeblich negativen Aspekte der Großsiedlungen zu abwertenden Pauschalurteilen wie „Wohnghettos" oder „anonymisierte Trabantenstädte" (Beitrag Tietz ab S. 32). Nicht zuletzt wurde das Wohnen im Hochhaus in dieser Diskussion höchst kritisch beurteilt. Übersehen wurde dabei von den Kritikern, dass der zwischen 1960 und 1975 verwirklichte Neubaubestand längst die Lebenswirklichkeit einer ganzen Generation in Ost wie West (mit)geprägt hat. Wer in einer Großsiedlung wie der Neuen Vahr in Bremen aufgewachsen ist, der verfügt meist über eine andere – häufig weitaus positivere Innensicht – als die in der Öffentlichkeit kolportierte negative Außensicht auf derartige Wohnanlagen vielleicht vermuten lässt. Mit der aktuellen Hinwendung zur späten Moderne wird deren Architektur nun zunehmend auf ihre Heimatfähigkeit untersucht, wie dies der Bund Deutscher Architekten (BDA) bereits vor einigen Jahren in der schönen kleinen Ausstellung „In der Zukunft leben! Die Prägung der Stadt durch den Nachkriegsstädtebau" unternommen hat.

Spätestens seit Ralf Langes Bestandsaufnahme der 1960er Jahre Architektur, ringt auch die deutsche Denkmalpflege so ernsthaft wie mühsam um Kriterien für die Bewertung dieses jungen Bauerbes (Beitrag Hans Rudolf Meier). Einer der Gründe, warum sie sich dabei erstaunlich schwertut, kann vielleicht ein Blick in den Katalog „Eine Zukunft für unsere Vergangenheit" verdeutlichen, der im Rahmen des Europäischen Denkmalschutzjahres 1975 erschienen ist. In schönster Kunsthistoriker-Didaktik wurde dort dem positiv bewerteten Beispiel

Die Neue Vahr

Blick vom Dach des Aalto-
Hochhauses in Richtung Osten
über den Vahrer See

Die Neue Vahr

eines gewachsenen, kleinstädtisch-dörflichen Ortsbildes aus Fachwerkhäusern eine „anonyme" Siedlungsarchitektur als Negativbeispiel gegenübergestellt. Die großstädtische, industriell geprägte Moderne erschien 1975 in all ihren Facetten als ein klares Feindbild zu einer handwerklich geprägten heimatlichen Tradition, die es denkmalpflegerisch zu verteidigen galt. Ja, Mitte der 1970er Jahre erschien selbst die Architektur der Klassischen Moderne der 1920er Jahre eines Walter Gropius, Ernst May oder Bruno Taut noch kaum denkmalwürdig. Das sollte sich jedoch in den folgenden Jahren in rasantem Tempo ändern. Nach der Unterschutzstellung erster Bauten der Klassischen Moderne wie der Siedlung-Onkel-Tom von Bruno Taut in Berlin-Zehlendorf, geriet in schneller Folge auch die Architektur der 1950er Jahre in den Blickwinkel von Forschung und Denkmalpflege und wurde nun positiv neu bewertet. Gleichwohl ist die Auseinandersetzung mit der Moderne bis heute ambivalent. Sie wird geliebt oder gehasst. Kalt lässt sie kaum jemanden. So wird der Hype um den Brutalismus von einer andauernden Modernekritik durch die Vertreter einer Post-Postmoderne begleitet, die aktuell im Neubau historisierender Stadtzentren kulminiert. Eine weitere Rolle in der Diskussion um die Zukunftsfähigkeit der späten Moderne spielt der immense Umbau- und Abrissdruck, der die Entwicklung vieler Städte kennzeichnet, die sich in einem immer stärker beschleunigenden Wandel befinden. Ihm sind bereits zahlreiche Bauten des 20. Jahrhunderts zum Opfer gefallen, noch ehe sie in den Fokus der Denkmalpflege gerieten. Wie unterschiedlich Bauten der späten Moderne bewertet werden, zeigt sich geradezu beispielhaft aktuell in London an zwei großen Wohnarealen: Während das brutalistische Barbican-Center geliebt und gepflegt wird, wird gleichzeitig die legendäre Wohnsiedlung Robin Hood Gardens abgerissen, die von den Leitfiguren des Brutalismus entworfen wurde: Alison und Peter Smithson.

Wie grundlegend sich die Bewertung der späten Moderne seit dem ersten Denkmalschutzjahr 1975 in Deutschland verändert hat, zeigt das Projekt „Big Beautiful Buildings". Als eines der Leitprojekte des „Europäischen Jahres des kulturellen Erbes 2018" wird mit ihm der europäische Gebäudebestand dieser Epoche grenzübergreifend kritisch gewürdigt und auf seine Zukunftsfähigkeit hin überprüft. Dabei steht die denkmalgerechte Erhaltung der Bauten ebenso im Fokus wie ihre angemessene Weiterentwicklung, nicht zuletzt der Großsiedlungen. Zahlreiche Aspekte, die den Leitbildprozess für die Neue Vahr maßgeblich bestimmen, spielen auch dort eine wichtige Rolle. Das beginnt bei der Beteiligung der Bewohner an der künftigen Entwicklung „ihrer" Siedlungen und setzt sich mit der Bewertung, Bewahrung und Qualifizierung der Freiräume und Grünflächen fort. Tatsächlich kommt dem Leitbildprozess, der für die Neue Vahr angestoßen wurde, ein baukultureller Beispielcharakter hinzu. Er geht vom Ort und seinen Bewohnern aus und fragt nach Zukunftsbedürfnissen und Potenzialen. Damit zielt er auf einen ganzheitlichen Blick, aus dem heraus konkrete einzelne Maßnahmen und längerfristige Strategien entwickelt werden. Das betrifft beispielsweise den steigenden Bedarf an veränderten Wohnungszuschnitten, der durch neue gesellschaftliche und familiäre Konstellationen entsteht, die notwendige Barrierefreiheit der Wohnungen sowie eine sich verändernde Mobilität. Ziel ist es dabei, eine behutsame und gemeinschaftliche Entwicklung der Neuen Vahr zu ermöglichen, um ihre Zukunftsfähigkeit langfristig zu stärken. Ein Ansatz, der eine Blaupause für den Umgang mit dem Erbe der späten Moderne bieten könnte, weil er auf einer Wertschätzung des Vorhandenen fußt, das in seinem Heimatpotenzial für alte und neue Bewohner ernstgenommen und zugleich weiterentwickelt wird. Damit geht nach rund 60 Jahren ihres Bestehens von der Neuen Vahr erneut ein wichtiger Impuls für die hohe Qualität des zukunftsfähigen Wohnens und Lebens in einer Großsiedlung aus.

Blick von Norden über die
heutige Richard-Boljahn-Allee
auf das Aalto-Hochhaus

Die Neue Vahr

Das „Schlangenhaus" an der
Kurt-Schumacher-Allee
Architekten: Max Säume und
Günther Hafemann

Das „Stelzenhaus" an der
Bürgermeister-Reuter-Straße
Architekt: Ernst May

Die Neue Vahr

# Eine sichere Bank für das bezahlbare Wohnen in Bremen

Ein Gespräch

Neubau und Bestand muss man zusammendenken, wenn man über bezahlbares Wohnen spricht und gleichzeitig über ein breites Angebot von Wohnungen in der gesamten Stadt. Insofern macht es aus Sicht der gesamtstädtischen Entwicklung sehr viel Sinn, auf die Vahr als ein großes und zukunftsfähiges Bestandsquartier zu schauen.

Iris Reuther, Senatsbaudirektorin in Bremen, und Peter Stubbe, Vorstandsvorsitzender der GEWOBA, Bremen, im Gespräch mit Jürgen Tietz.

**Tietz**: Wir sitzen gemeinsam im Aalto-Hochhaus, von wo wir einen weiten Blick über die Neue Vahr haben. Ein guter Ort für meine Eingangsfrage an Sie, Herr Stubbe: Was charakterisiert die Vahr?

**Stubbe**: Die Vahr ist zunächst einmal eine der großen Wohnsiedlungen in Deutschland mit zahlreichen wohnbegleitenden Einrichtungen. In der Vahr gibt es sogar eine eigene Hymne und ein eigenes Fernsehprogramm. Inzwischen ist die Vahr zu einer Parklandschaft eingewachsen. Zu den Qualitäten der Vahr gehört sicherlich auch, dass sie von sehr prominenten Architekten und Städtebauern entworfen worden ist, die sie in fünf Nachbarschaften gegliedert haben. Nach dem Zweiten Weltkrieg boten diese Nachbarschaften vielen Menschen einen Ort, an dem sie ihr Leben und ihre Zukunft gestalten konnten. Insofern ist die Vahr ein Versprechen auf eine bessere Zukunft gewesen. Dieses Versprechen hat sie in über 60 Jahren skandalfreien Wohnens und Lebens eingelöst.

**Tietz**: Ein Versprechen auf eine bessere Zukunft, eine schöne Formulierung. Was bedeutet dieses Versprechen und die Vahr insgesamt aus der Sicht der Stadt Bremen?

**Reuther**: Die Neue Vahr steht für das Wohnen in Bremen und für die Zukunft des Wohnens in Bremen. Sie ist ein Quartier, das zu seiner Entstehungszeit irgendwo weit draußen vor der Stadt lag. Jetzt ist sie ein Bestandteil der Stadt. Die Vahr war ein Versprechen auf die Zukunft und das bezog sich auch auf den Städtebau dieser „Zukunftsmaschine", wenn ich das so sagen darf. Aktuell ist es so, dass wir uns mit Blick auf die Vahr, aber auch bezogen auf das Wohnen in Bremen insgesamt, fragen: Wo gehen die Linien weiter? Da bietet die Neue Vahr eine sehr gute Referenz. Was die Wohnungsbestände und Qualitäten dieses Stadtteils angeht, stellen sie eine sichere Bank für das bezahlbare Wohnen in Bremen dar. Das schätzen wir sehr. Das brauchen wir.

**Tietz**: Das Thema des bezahlbaren Wohnens ist derzeit ganz zentral in der Bundesrepublik. Herr Stubbe, Sie haben eine hohe Auslastungsquote bei den Wohnungen in der Vahr und nur einen geringen Leerstand. Eigentlich ist alles in Ordnung nach 60 Jahren Vahr. Die Zukunftsmaschine läuft rund. Was gab den Anlass für die GEWOBA, trotzdem gerade jetzt einen Prozess für ein neues städtebauliches Leitbild anzustoßen?

**Stubbe**: Zunächst einmal die Tatsache, dass es so gut läuft. In guten Zeiten soll man vorbeugen. Das sagt schon jedes Kinderbuch. In den letzten Jahren hat die GEWOBA daher verschiedene Bausteine zur Siedlungsentwicklung konzipiert. Dazu gehören energetische, bauliche und städtebauliche Komponenten. Wir haben ein Tochterunternehmen, das sich beispielsweise mit der energetischen Optimierung der Bestände beschäftigt. Mit dem Wettbewerb „Ungewöhnlich Wohnen" haben wir inzwischen sechs Typologien entwickelt, mit denen wir unsere Siedlungen weiterentwickeln können. Eine so große Siedlung wie die Vahr können wir aber nicht einfach mit diesen Typologien konfrontieren. Hier bietet es sich an, gemeinsam mit den Bewohnern einen Prozess anzustoßen, um zu fragen: Was werden die Qualitäten der Zukunft sein? Was sind die Themen, die heute nachgefragt sind, um die Vahr auf die nächsten 60 Jahre vorzubereiten?

**Tietz**: Auf die Bewohner werden wir gleich noch zu sprechen kommen. Vielleicht kurz vorab noch die Frage: Wodurch sind die Wohnungsbestände der GEWOBA insgesamt gekennzeichnet und wodurch unterscheiden sie sich hier in der Neuen Vahr? Ergänzt sich das miteinander?

**Stubbe**: Grundsätzlich ist es so, dass wir in der Nachkriegszeit – und 80 Prozent der GEWOBA Bestände stammen aus den Jahren zwischen 1950 und 1970 – eine Dominanz der Drei-Zimmer-Wohnung hatten. Sie war für den demografischen Normalfall jener Zeit ausgelegt, eine vierköpfige Familie. Über 50 Prozent unserer Wohnungen sind Drei-Zimmer-Wohnungen. Das passt nicht hundertprozentig zum demografischen Wandel heute. Die Einpersonenhaushalte etwa nehmen zu und es finden vermehrt auch größere Familien zusammen. Patchwork-Familien zum Beispiel mit mehr als zwei Kindern. Deshalb möchten wir gerne unser Angebot ergänzen. Die Wohnungen, die wir haben, werden gut nachgefragt, Sie haben es angesprochen. Daher hätten wir keine Erfordernisse etwas zu tun. Aber wir erleben, dass die Nachfrage sich verändert und zusätzliche Nachfragen entstehen. Dafür versuchen wir unsere Bestände fit zu machen. Wir bauen das, was wir nicht haben. Wir bauen in den Lagen, die wir nicht haben und wir bauen die Qualitäten, die wir nicht haben. Um ein Beispiel zu nennen: In den 1950er und 1960er Jahren hat man typischerweise unter dem Schlagwort „mehr Luft, Licht, Sonne" das Erdgeschoss als Hochparterre ausgebildet. Das führt dazu, dass die Wohnungen nicht absolut barrierefrei sind. Gerade diejenigen, die damals im Erstbezug zu uns gekommen sind, vermissen jetzt häufig, barrierefrei mit Rollator oder Rollstuhl in ihre Wohnungen zu kommen. Andererseits möchten sie ihre Nachbarschaften nicht verlassen. Daher überlegen wir, welche Qualitäten wir

## Sie haben eine hohe Auslastungsquote bei den Wohnungen in der Vahr und nur einen geringen Leerstand. Jürgen Tietz

in unseren Siedlungen zusätzlich bauen müssen, damit wir denjenigen ein Angebot machen können, die bei uns bleiben möchten. Das ist auch ein Thema, das wir mit den Bewohnern in der Vahr momentan diskutieren: Was braucht Ihr? Was meint Ihr, wird in der Zukunft gefragt sein? Dieser Abgleich fließt in die Entwicklung des neuen Leitbildes ein.

**Tietz**: Deckt sich das mit den Wohnungsbedarfen, die die Stadt Bremen insgesamt hat? Oder gibt es da Unterschiede, die Sie herausarbeiten würden?

**Reuther**: Wir dürfen nicht vergessen, dass wir bei einer Größenordnung von etwa 2.000 Wohnungen im Neubau pro Jahr in Bremen immer auch den Bestand betrachten müssen. Der muss für die Zukunft ebenso qualifiziert werden. Mit Blick auf den aktuellen Wohnungsbau stellt sich die Frage, welche Qualitäten die neuen Wohnquartiere benötigen. Wir planen inzwischen tatsächlich nicht mehr nur kleine Standorte, sondern wirklich große neue Quartiere. Neubau und Bestand muss man zusammendenken, wenn man über bezahlbares Wohnen spricht und gleichzeitig über ein breites Angebot von Wohnungen in der gesamten Stadt. Insofern macht es aus Sicht der gesamtstädtischen Entwicklung sehr viel Sinn, auf die Vahr als ein großes und zukunftsfähiges Bestandsquartier zu schauen. Wir sprechen hier von einem sehr bekannten städtebaulichen Projekt der Bremer Geschichte, aber auch des Städtebaus in Deutschland und in Europa insgesamt. Daher finde ich es angebracht, nach 60 Jahren zu fragen: Was hat sich bewährt in einem Quartier, in dem inzwischen drei Generationen gelebt haben? Wie muss man das weiterdenken und welche Erfahrungen der Planung und des Städtebaus und welche Ansprüche nimmt man in die Entwicklung von neuen Quartieren mit? Das hilft aktuell bei der neuen Gartenstadt Werdersee, in der Überseestadt und bei weiteren neuen Wohnungsbaustandorten. Von der Vahr kann man lernen, dass man soziale Infrastruktur und wirklich anspruchsvolle öffentliche Räume bauen muss, die ihren Platz brauchen und ihre Qualität. Dafür bietet die Neue Vahr in Bremen eine wichtige Referenz.

**Tietz**: Sie haben sich entschlossen, dieses Leitbildverfahren anzustoßen und dafür COBE Berlin, bgmr, Berlin, und ARGUS aus Hamburg eingeladen. Büros aus der Stadtplanung, der Landschaftsplanung und der Verkehrsplanung. Was haben Sie den Büros als Startpaket mitgegeben, damit die gut mit ihrer Arbeit vorankommen konnten?

**Reuther**: Wir haben ganz bewusst eine Städtebauerin, Landschaftsplaner und Verkehrsplaner vorgeschlagen. Wir haben geschaut, wer eine exzellente Expertise in Deutschland hat. Das wollten wir aufgrund der Planungsgeschichte und der Aufgabe in der Neuen Vahr so haben. Diesem Team haben wir gesagt: Denkt es zusammen. Denkt die öffentlichen Räume, die Mobilität, den Verkehr, den Platz, den man dafür braucht, mit den Umweltsituationen und auch den Freiräumen mit den vielen Bäumen zusammen.

Gleichzeitig geht es um ein städtebauliches Weiterdenken der Bau- und Raumstrukturen. Das erfordert eine genaue Untersuchung der Bestände, eine Korrektur und Weiterentwicklung der vorhandenen Gebäude und schließlich eine Auseinandersetzung mit der Frage: Wo braucht man neue Gebäude und in welcher Form können sie an welcher Stelle stehen. Das kann

Blick aus dem Fenster eines
Etagen-Gemeinschaftsraumes
im Aalto-Hochhaus

man nicht von den Themen Mobilität und Freiraum trennen. Insofern ist es ganz bewusst von Anfang an ein integrierter Ansatz für die Reprogrammierung der Neuen Vahr. Wir haben das Team gefragt: Wie seht ihr diese Vahr und wo seht ihr die Linien der Entwicklung? Dabei suchen wir die Anknüpfungspunkte in der Planungs- und Baugeschichte und wollen uns in der Moderne und in den Strukturen vergewissern, die wir haben. Bei einem Bestandsquartier wie der Neuen Vahr ist das fast eine Verpflichtung, würde ich sagen.

**Tietz**: Das passt ja wunderbar zum Europäischen Jahr des kulturellen Erbes.

**Stubbe**: Ich würde gerne ein Team ergänzen, das Sie nicht erwähnt haben. Wir haben auch den Bundesverband für Wohnen und Stadtentwicklung, vhw, beauftragt, weil uns das Thema Bürgerbeteiligung sehr wichtig ist. Mit diesen Büros waren wir schon sehr zuversichtlich, kompetente Planer gefunden zu haben, die sich auf solche Beteiligungsprozesse einlassen können und sich nicht an der Aufgabe Neue Vahr aufrichten wollen, um dem ein neues eigenes Leitbild entgegenzusetzen, was vor 60 Jahren einmal entdeckt und gebaut worden ist. Es galt, mit der Geschichte und den heutigen Bewohnern gemeinsam zu versuchen, die Zukunft zu entdecken und zu entwickeln. Insofern würde ich gerne den vhw an dieser Stelle mit erwähnen, weil er in den letzten Jahren und Jahrzehnten eine außerordentliche Expertise in der Bürgerbeteiligung erworben hat. Es ist in dieser Form recht einmalig in Deutschland, sich auf die Impulse, auf die Wünsche, auf die Zielsetzung und auch auf die Vision der unterschiedlichen Gesprächspartner und Akteure einzulassen. Es nützt uns gar nichts, in der Vahr irgendetwas Schillerndes, Neumodernes, irgendwie Spektakuläres zu entwickeln, das dann in fünf bis zehn Jahren wieder spezifisch unmodern sein und spezifisch veraltet wirken wird. Insofern sind wir in der Tat zuversichtlich, dass wir mit diesem Viererteam, diesem Kleeblatt, eine sehr glückliche Auswahl getroffen haben. Das hat der Prozess bisher für mich auch gezeigt, dass sie gut zusammenpassen, sich aufeinander eingegroovt haben. Es ist bislang ein sehr kreativer, durchaus auch konfliktreicher, aber insgesamt zielorientierter Prozess geworden.

**Tietz**: Ich würde gerne noch einmal auf die sogenannte Milieustudie kommen, die der vhw angefertigt hat. Sie haben vorhin gesagt, dass Sie den Leitbildprozess für Ihre Mieter, für Ihre Bewohner anstoßen. Gerade für diejenigen, die bereits beim Erstbezug hier gewesen sind und jetzt beispielsweise eine barrierefreie Wohnung benötigen. Welche Rolle spielen die Bewohner in der Weiterentwicklung ihrer Vahr für die GEWOBA?

**Stubbe**: Eine große! Wissen Sie, Milieustudie, das klingt so akademisch. Im Grunde genommen geht es um die Frage: Wen erreichen wir mit den Fragen, die wir haben? Wer gibt uns Antworten? Wir wollten nicht nur von denjenigen Antworten hören, die gewohnt sind sich öffentlich oder halböffentlich zu äußern. Wir wollten repräsentative Antworten für die gesamte Bewohnerschaft der Vahr bekommen. Diese Milieustudien sind nichts weiter als ein methodisches Mittel, um genau dieses zu erreichen. Um nachzuschauen, wer wohnt hier und wer kommt zu den Veranstaltungen, die wir organisieren? Hier können naturgemäß nicht immer alle 20.000 Bewohner zusammenkommen, um zu diskutieren. Aber wir müssen schon darauf achten, dass die Auswahl derjenigen, die dann kommen und mitdiskutieren, ungefähr die Interessen derjenigen abdeckt, die hier wohnen, damit wir nicht die Leisen überhören und dann an den Interessen vor Ort vorbeiarbeiten.

Wenn man auf der einen Seite fachkundige Büros hat und auf der anderen Seite versucht, umfänglich die Interessen derer mit einzubeziehen, die hier vor Ort leben, aber auch derjenigen, die von außen auf die Vahr schauen und die Funktion der Vahr in der Stadt sehen, dann kann man, glaube ich, ganz zuversichtlich sein, dass etwas herauskommt, das die Vahr über die nächsten Jahre und Jahrzehnte trägt. Das ist die Idee der Bürgerbeteiligung.

**Reuther**: In einem städtebaulichen Prozess kommt man um den Sozialraum Stadt nicht herum. Das ist eine Perspektive, die wir auch aus Sicht der Stadt haben. Genau wie in den anderen Wohngebieten und Stadtteilen beobachten wir in der Vahr, welche sozialen Konstellationen es gibt und wie wir mit Blick auf die Bewohner und die Aufgaben einer Stadt im Sinne eines Gemeinwesens die Dinge weiterdenken müssen. Deswegen brauchen wir solche Einblicke und Kenntnisse. Bei einer Milieustudie schaut man ja ein Stück weit auf qualitative Fragen, auf Lebensstile und auf das Verhältnis zwischen individuellen, privaten, auf die einzelnen Haushalte bezogenen Aspekten und der Gemeinschaft. Wo begegnen sich die Leute? Das sind alles Themen, die uns in einem Stadtteil beschäftigen und die wir in unsere Entscheidungsprozesse mitnehmen müssen. Bei der Frage nach der Zukunft ist es nicht mit einem Blick auf die heutigen Daten getan. Für langfristige Strategien und Standortentwicklungen, die immer auch Investitionsentscheidungen sind, müssen wir uns sicherer darüber werden, wie sich die Dinge in den nächsten Jahren und Jahrzehnten entwickeln werden. Daher stellt sich die Frage, an welchen Themen wir arbeiten müssen, um zukünftige Bewohner für diesen Standort zu interessieren. Das finde ich für eine Perspektive von 15 Jahren wichtig, auch mit Blick auf die Rolle dieses Stadtteils innerhalb der gesamten Stadt. Auf welche Lebenslagen müssen wir beispielsweise ganz besonders achten und uns um eine Betreuung und Begleitung bemühen.

**Tietz**: Das heißt, also Verantwortung übernehmen.

**Reuther**: Ja, natürlich.

**Stubbe**: Ich fand das wichtig und würde es gerne noch einmal herausstellen, dass es nicht damit getan ist, dass die jetzigen Bewohner einfach mal sagen wie sie es gerne hätten. Das Zusammenspiel zwischen den Fachplanern und den Bewohnern, zwischen Wünschen und Interessen ist notwendig, um eine Grundlage für wohnungspolitische und verkehrspolitische Entscheidungen zu entwickeln. Auch ökologische Entscheidungen werden anstehen. Die gewählten Gremien der Stadt benötigen dafür eine vernünftige Entscheidungsgrundlage und sie erwarten von uns, dass wir die gemeinsam mit den Bewohnern vorbereiten. Es geht also nicht darum, ein wünsch-dir-was-Programm zu machen. Die Leute hier in der Vahr kommen übrigens auch nicht mit überbordenden, unrealistischen Vorstellungen. Sie sind sich durchaus bewusst, dass es in dieser gemeinsamen Diskussion, in diesem gemeinsamen Suchprozess zu einem Ergebnis kommen soll, das man dann auch präsentieren kann.

Das war immer eine besondere Qualität hier in der Vahr. Ich finde, dass man das auch spürt, wenn man durch die Häuser und Parks geht, wie die Leute miteinander umgehen. Das hat schon eine gewisse Rücksichtnahme und auch einen gewissen Stolz. Nicht ohne Grund heißen die Bewohner „Vahraonen".

**Reuther**: Der Leitbildprozess betrifft tatsächlich nicht nur die Alteingesessenen. Das Spektrum der Bewohnerschaft ist heute viel breiter als man vielleicht von außen annimmt. Es ist aus Sicht der Stadtentwicklung interessant, dass die Vahr möglicherweise auch Haushalte und Personen anzieht, die sich vermeintlich gar nicht für solche Stadtteile interessieren. Wer bezahlbare Wohnungen in Bremen sucht, die nicht überall und in ausreichendem Maße vorhanden sind, muss darüber

## Es hat in der aktuellen Situation einen hohen Wert zu sagen: Ja, diese großen Siedlungen und Stadtteile sind gute Orte zum Wohnen. Iris Reuther

nachdenken, vielleicht auch in einer Familiengründungsphase einen Wohnort zu finden, an dem man mit kleinen Kindern gut leben kann. Das ist die Vahr. Es interessiert uns deshalb, ob wir Menschen, die ein Stück weit andere Lebensperspektiven haben als die alteingesessenen Bewohner, für diesen Standort und Stadtteil interessieren können. Dazu muss man schauen, ob und wo es Potenziale gibt, an die man anknüpfen kann.

**Tietz**: Es ist ja spannend zu sehen, dass der häufig kritisierte Städtebau der Moderne, zumal der eher späten Moderne, solche Potenziale offenbar bereithält.

**Reuther**: Es liegt daran, dass in der Vahr die öffentlichen Räume wirklich besondere Qualitäten haben. Auch im Vergleich mit anderen Teilen der Stadt, die vermeintlich attraktiv sind, aber dann einfach zu eng oder viel zu einseitig sind. In der Neuen Vahr gibt es – bezogen auf die Gebäude und Wohnungsangebote – wirklich eine Vielfalt. Unterschiedliche Hochhäuser, unterschiedliche Zeilen, unterschiedliche Adressen, unterschiedliche Bezüge zum öffentlichen Raum, bis hin zu einer Kombination mit privaten kleinen Reihenhäusern. Wenn man das aufzählt, ist das im Grunde genommen das typologische

Spektrum für das Wohnen in der großen Stadt. Das bietet die Chance einer guten Mischung.

**Stubbe**: Ja, es gibt auch – wenn Sie aus dem Fenster schauen – eine geordnete Unübersichtlichkeit. Ich glaube, die wird auch wahrgenommen. Durchaus auch als schön wahrgenommen. Wenn man hier wohnt und durch die Straßen und Parks geht, eröffnen die unterschiedlichen Gebäudetypen immer wieder Überraschungseffekte. Die Vahr ist nicht gleichförmig. Sie ist auch im Erleben des Fußgängers oder des Radfahrers abwechslungsreich und ich glaube schon, dass das eine besondere Qualität dieser Siedlung ist – auch im Vergleich zu anderen Großsiedlungen, die wir weltweit sehen. Die Vahr bietet eine Abwechslung in der städtebaulichen Formation. Hier ist nicht alles gleichförmig.

**Reuther**: Mit Blick auf die Geschichte muss man sich vor Augen führen, dass dieser Stadtteil ein Ankunftsstadtteil war, als er gebaut wurde. In einer Zeit als Bremen stark gewachsen ist. Nebenan liegen Oberneuland und Schwachhausen, wohl die vornehmsten Stadtteile Bremens, und dazwischen die Neue Vahr. Da gibt es interessante Austauschbeziehungen, die man übrigens gerade in den öffentlichen Räumen und in der Berliner Freiheit bis in die Schulen und das Einkaufszentrum spürt.

Die Qualität der Wohnform in der Vahr bietet ein Umfeld, das auch jenen einen Ankunftsort ermöglicht, die jetzt neu in dieser Stadt ankommen. Wir sind derzeit in Bremen ja wieder eine wachsende Stadt. Das wollen wir auch sein und es stellt sich die Frage: In welchen Quartieren gelingt eine Integration, ein Eintauchen in die Stadtgesellschaft und ein Ankommen in Bremen ganz besonders gut? Meine Vermutung und auch meine Erfahrung sind, dass die Neue Vahr dafür gute Angebote macht.

**Tietz**: Damit kommt ihr eine bemerkenswerte Aufgabe im gesamtstädtischen Kontext zu. Ich würde gerne zu den Arbeiten der Büros kommen. Inzwischen haben drei Werkstätten stattgefunden. Ergebnisse, Vorschläge, Ideen, Prozesse und Planungen sind in den letzten Wochen und Monaten erarbeitet und vorgestellt worden. Die Arbeit geht zwar noch weiter, aber was nehmen Sie für den Moment aus den Gedanken mit, die in diesen Werkstätten vermittelt worden sind?

**Reuther**: Durch die komplexe Betrachtung der Neuen Vahr im Rahmen des Prozesses und die Konzepte der Planer und Architekten, konnten wir noch einmal sehr genau auf alle Themen dieses Stadtteils schauen. Wir haben verstanden, dass wir mit den Freiraumqualitäten ein Pfand haben und Umweltaspekte weiterdenken müssen. Wir können die Stadtlandschaft weiterschreiben. Bezogen auf das Thema Mobilität war es sehr erhellend, dass uns die Verkehrsplaner aufgezeigt haben: Da habt ihr viel Platz für die Mobilität der Zukunft und Potenzial, Mobilität anders zu organisieren. Das ist eine zentrale Frage, die uns auch in anderen Teilen der Stadt beschäftigt und besonders dort, wo wir neu bauen. Hier in der Vahr können wir das bei laufendem Betrieb weiterdenken.

Bezogen auf Versorgungsinfrastruktur wie Kitas und Grundschulen hat uns der Prozess offengelegt, dass die öffentlichen Räume und Adressen, die es gibt, tragfähig für eine weitere Entwicklung sind. Wir haben gute Orte gefunden für ganz konkrete Nutzungen, die wir dringend brauchen. Es ist ebenso deutlich geworden, dass Platz vorhanden ist für eine Qualifizierung des Bestandes der Wohngebäude durch einen Umbau oder die Kombination mit neuen Gebäuden.

**Stubbe**: Das sehe ich genauso. Wir haben ein breites Spektrum an Vorschlägen erhalten, die eine gute Grundlage für weitere Gespräche und Planungen geben. Und ich finde, dass sich die Auswahl der Büros, die Auswahl der Akteure in den Werkstätten bestätigt hat. Das ist nicht selbstverständlich, was wir an Offenheit erlebt haben, auch in den Planungsinstrumenten! Die Planer haben sehr gut deutlich gemacht, dass es um ein breites Spektrum von Themen geht, die auch in einem längeren Zeitraum bearbeitet werden sollen. Das soll nicht heißen, dass wir jetzt alles auf die lange Bank schieben. Aber es gibt Themen, die vordringlich sind. Das ist in Bremen natürlich wie in anderen wachsenden Städten auch das Thema Wohnen. Und es ist das Thema Bildungslandschaften im weitesten Sinne. Kindergärten, Schulen, die wir ebenso brauchen wie informelle Orte der Bildung. In der Vahr kommt zum Thema der Bildungslandschaften hinzu, dass sie sich besser mit der Universität verzahnen kann. Die Uni ist sozusagen die kleine Schwester der Vahr, denn sie ist erst zehn Jahre später gegründet worden. Das ist ungewöhnlich. Viele Städte haben erst eine Universität gegründet und dann eine Großsiedlung gebaut. In

Bremen eben umgekehrt. Diese Verbindung nachträglich herzustellen ist jetzt eine Aufgabe. Das gehört auch zu den Themen „wachsende Stadt" und Zuwanderung. Die Vahr ist schon von ihrer Lage her sehr gut aufgestellt, um Studenten, Mitarbeiter der Kreativindustrie oder des Technologieparks an der Universität aufzunehmen und mit Zukunftsthemen wie Digitalisierung, Demografie und Mobilität zu verbinden.

**Reuther**: Wir reden immer von den vier Teams. Ich finde, die Mitarbeiter von Herrn Stubbe haben – genau wie meine – ebenso gut gearbeitet. Wir haben unsere Fragen geschärft und vieles in diesen Prozess eingebracht. Dabei haben wir viel verstanden und gelernt. Ich finde das wichtig, weil wir im Umgang mit diesem Stadtteil die Augenhöhe mit der Geschichte und Gegenwart brauchen.

**Tietz**: Ich möchte noch ergänzen, dass es zudem noch externe Experten gibt, die bei den Werkstätten dabei waren, so dass die Neue Vahr von vielen ganz unterschiedlichen Punkten aus beleuchtet, analysiert und in die Zukunft gedacht worden ist. Die Zukunft ist ein langer Zeitraum, aber sie fängt heute an und daraus resultiert meine nächste Frage: Können Sie schon benennen, welche Punkte konkret in eine mögliche unmittelbare Umsetzung gelangen können. Und was stellt eher eine weitere Perspektive dar?

**Stubbe**: Ich hatte es eben schon in Ansätzen versucht vorzuzeichnen. Ich denke, dass die Themen der wachsenden Städte in Deutschland momentan relativ ähnlich sind. Wir brauchen Wohnungen, das ist sicherlich ein Thema, das uns auch hier in der Vahr bewegt. Wie können und wollen wir diese Wohnungsbestände um die Qualitäten ergänzen, die wir heutzutage brauchen? Das Zweite ist sicherlich das Thema Bildungslandschaften. Auch das hatte ich eben schon angedeutet, dass das von Kindertagesstätten über Schulen bis hin zu der wirklich bemerkenswerten Nähe zur Universität reicht, die wir hier in der Vahr haben. Das dritte Thema liegt in der Vahr auf der Hand. Wir haben eine wunderschöne Parklandschaft mit tausenden von Bäumen. Dass wir dieses Thema bis hin zu Klimawandel und Gewässerschutz weiterbearbeiten wollen, ist nicht nur politisch sehr gut anschlussfähig. Es liegt aufgrund der Gegebenheiten hier in der Vahr nahe. Das sind meines Erachtens sachlich und zeitlich die ersten Anknüpfungspunkte, die es gibt.

Die anderen sind die gesellschaftlichen Megatrends, wenn Sie so wollen: Digitalität, Mobilität, Demografie, sozialer Zusammenhalt. Ihnen werden wir uns in der Vahr genauso widmen. Das sind aber langfristige Aufgaben, die wir nicht mit einzelnen Projekten kurzfristig abschließen können. Wir sehen den Prozess in der Tat auf Jahre und Jahrzehnte angelegt. Insofern wollen wir immer wieder etappenweise mit einzelnen Prozessen, mit einzelnen Projekten diesem Leitbild näher rücken.

## Wir wollten nicht nur von denjenigen Antworten hören, die gewohnt sind, sich öffentlich oder halböffentlich zu äußern. Peter Stubbe

Von daher sehe ich, dass uns diese Themen auch in dieser zeitlichen Abschichtung für die nächste Zukunft begleiten werden.

**Tietz**: Frau Reuther, Sie haben darauf hingewiesen, wie eng Bremen und die Vahr zusammengehören. Herr Stubbe hat unterstrichen, dass die Universität mehr oder weniger vor der Haustür liegt und eine unmittelbare Wegebeziehung zur Vahr sinnvoll erscheint. Das bringt mich zu der Frage: Wie sieht es mit anderen Schnittstellen zur Stadt aus?

**Reuther**: Ich glaube, wir haben die wichtigsten Schnittstellen sehr genau lokalisiert. Wir haben darauf geschaut, wo sich Chancen bieten, Themen und Orte besser zu verknüpfen. Das betrifft auch die Wegeführungen. Dazu gibt es erste praktische Erfahrungen. Wenn man etwa an der richtigen Stelle eine Fußgängerampel einrichtet, wie direkt an der Berliner Freiheit, dann passiert ganz viel mit dem Stadtteil. Von solchen Stellen haben wir weitere identifiziert, wo Korrekturen des öffentlichen Raumsystems angezeigt sind. Ich finde es anregend, dass wir jetzt über Mobilität nachdenken und nicht nur über Stellplätze, sondern auch über Carsharing, Fahrräder und kleinteilige Transportsysteme im Alltag. Und uns die Frage stellen: Wie

Die Neue Vahr

Viergeschosser, Achtgeschosser und eins der Hochhäuser in der Neuen Vahr

organisieren wir diese Mobilitätsformen eigentlich im Raum? Sehr erhellend fand ich, dass wir genauer auf die Gewässer und das Regenwassermanagement schauen müssen. Das bewegt uns in Bremen derzeit bei der Konzeption von neu zu entwickelnden Arealen, zum Beispiel hier im Bremer Osten, der einen Schwerpunkt der Wohnungsbauentwicklung darstellt, wie am Neuen Ellener Hof. Wir werden das Thema bei der Planung für das Areal der bisherigen Bremer Rennbahn aufgreifen.

In der Vahr wissen wir jetzt viel besser, an welchen Punkten wir Kindergärten brauchen und wie wir das mit konkreten baulichen Projekten und in Kombination mit anderen Nutzungen umsetzen können. Es ist wichtig, das souverän und städtebaulich qualifiziert zu machen und nicht einfach – ich sage das jetzt mal etwas platt – Standorte suchen, an denen wir schnell mal den einen oder anderen Container hinstellen. Das wäre mir, bezogen auf diese Bauaufgabe, viel zu kurz gesprungen. Das möchte ich nicht. Hier haben wir eine Verantwortung, da wir dafür sehr viel Geld ausgeben.

**Tietz**: Ich entnehme dem, dass auch die Stadt Bremen aus dem für die Neue Vahr angeschobenen Leitbildprozess mit seinen unterschiedlichen Aspekten jede Menge Nektar saugen kann. Die Fragen, die sich in der Neuen Vahr stellen, die Lösungen die sich hier anbieten, stehen in einer Beziehung zu dem gemeinsamen Bauen an der Zukunft Bremens. Würden Sie das teilen?

**Reuther**: Ja. Ich habe ja von der Zukunftsmaschine gesprochen, die die Neue Vahr gewesen ist und die sie auch künftig sein kann. In einem aktuellen Diskurs über die Zukunft der wachsenden Stadt können wir sagen: Da haben wir ein großes Quartier, das in der Lage ist, Zukunftsthemen der Stadtentwicklung sehr konkret, genau verortet und gut verankert in einem Stadtraum aufzugreifen. In einer Situation, in der auch in Bremen viele Fragen offen sind, ist es total wichtig, mit großer Sicherheit, viel Rückhalt und Rückenwind so etwas sagen zu können.

**Tietz**: Ich sprach vorhin schon das Europäische Jahr des kulturellen Erbes 2018 an. Das ist jetzt vielleicht ein ganz großes Bild, aber die Neue Vahr ist ja auch ein großer Stadtbaustein: Inwieweit kann aus einem Leitbildprozess für die Neue Vahr ein Anstoß für den künftigen Umgang mit der Bauaufgabe „Großsiedlung der Moderne" hervorgehen? Mit dem Sie zeigen: Schaut her, das ist eine Möglichkeit, so könnte man es machen. Spielt das zumindest im Hintergrund auch ein bisschen mit?

**Stubbe**: Zunächst einmal spielt die Vahr eine Rolle. Sie interessiert uns. Wir sind Profis genug, uns zunächst einmal auf die eigenen Aufgaben zu konzentrieren. Es liegt auf der Hand, dass es einen Austausch unter den Städtebauern und Wohnungswirten gibt „Wie gehe ich mit bestimmten Situationen um?" Wir sind in entsprechenden Vereinen und Verbänden organisiert und natürlich ist es so, dass wir uns wechselseitig zeigen, was wir uns ausgedacht und entwickelt haben. Und da ist es schon so, so empfinde ich das jedenfalls, dass die Vahr eine Siedlung ist, die eine herausragende Qualität besitzt. Es ist auch klar, dass die Möglichkeiten, die die Vahr bietet, nicht in jeder Großsiedlung Europas gegeben sind, weil die Ausgangslage hier privilegiert ist.

Auf der anderen Seite steht zu vermuten, wenn eine solche hervorragende Siedlung weiterentwickelt wird, dass die anderen darauf gucken und sich anschauen, ob etwas dabei ist, was sie vielleicht auch anwenden können. Es ist bereits jetzt so, dass bei bestimmten Architekturtypen die Menschen aus anderen Städten und anderen Ländern vorbeikommen, um sich anzuschauen, was in unseren Siedlungen passiert. Das wird auch in der Vahr so sein, wir sind da zuversichtlich.

**Reuther**: Dass eine Großsiedlung aus den späten 1950er Jahren wie die Neue Vahr in Bremen jetzt wirklich zum kulturellen Erbe in Deutschland und Europa gehört, das ist schon ein besonderer Fakt. Ich finde es programmatisch, dass wir die Neue Vahr mit großen Siedlungen in anderen europäischen Ländern vergleichen, beispielsweise in Finnland oder Dänemark. Es hat in unserer aktuellen Situation einen hohen Wert zu sagen: Ja, diese großen Siedlungen und Stadtteile sind gute Orte zum Wohnen, mit ihnen kommt man über viele Jahrzehnte.

**Stubbe**: Andere Orte, mit dem wir uns vergleichen können sind Wien und die Schweizer Großsiedlungen.

**Reuther**: Das kulturelle Erbe in Europa ist eben nicht nur die lange gewachsene historische Altstadt. Darüber könnten wir in Bremen ja mit unserem Weltkulturerbe auch reden, mit dem Rathaus, das eine besondere Geschichte erzählen kann.

**Tietz**: Das Gesicht der Stadt besteht aus vielen Narrativen. Zum Schluss kurz der Blick in die Zukunft: Was sind die nächsten Schritte?

**Stubbe**: Heute haben wir die dritte Werkstatt gesehen. Wir sind jetzt in einer Bearbeitungstiefe, die es uns erlaubt, weitere Beteiligungsgespräche zu führen und den Entscheidungsträgern den aktuellen Stand vorzustellen. Daraufhin können Fachplanungen oder städtebauliche Vertiefungen und formalisierte Verfahren wie die Bauleitplanung folgen, um die baulichen Maßnahmen zu konkretisieren. Ich gehe davon aus, dass wir schon sehr bald erste Ergebnisse sehen können und zugleich einen Pfad markieren, wie es für die nächsten zehn, zwanzig Jahre weitergeht.

**Reuther**: Wir werden das Projekt Neue Vahr im Sinne eines zukunftsfähigen Bestandsquartiers in Bremen in eine Zukunftsstrategie einbringen und konkrete Schritte ableiten, um zu zeigen: Das wollen wir hier machen.

**Tietz**: Frau Reuther, Herr Stubbe – vielen Dank.

Die Neue Vahr

Blick über die Kurt-Schumacher-Allee in Richtung Osten

Die Neue Vahr

# Geschichte und Zukunft eines Bremer Stadtquartiers

Jürgen Tietz

Und die Neue Vahr? Die erweist sich auch nach 60 Jahren als eine gebaute Zukunftsvision mit hohem Gegenwartswert und Zukunftspotenzial. Bemerkenswert robust in ihrer Struktur, bemerkenswert qualitätvoll in Entwurf und Architektur und bemerkenswert gut gepflegt in ihrem Erscheinungsbild. Die Wechsel der städtebaulichen Vorlieben seit den 1960er Jahren hat die Neue Vahr lässig an sich abperlen lassen.

Mitten drin in der Neuen Vahr und hoch über ihr, auf dem Dach des Aalto-Hochhauses. Kein schlechter Ort, um sich einen Überblick über den Bremer Stadtteil zu verschaffen. Wie das schon klingt – das Aalto-Hochhaus! Der finnische Architekt Alvar Aalto ist eine Legende, einer der bedeutendsten Entwerfer des 20. Jahrhunderts. Und auch wenn heute nicht mehr ganz genau zu ermitteln ist, wer genau bei Herrn Aalto angefragt hatte, um ihn für den Bau eines Wohnhochhauses in der Neuen Vahr zu begeistern, ist das zwanziggeschossige Hochhaus zum Markenzeichen des Stadtteils geworden, dessen baukulturelle Strahlkraft weit über Bremen und die Vahr hinaus reicht. Vor allem: Das Aalto-Hochhaus ist kein Fremdkörper in der Vahr, es ist keine Diva, die irgendein Stararchitekt einfach abgesetzt hat. Obwohl Aalto ansonsten nicht mit der Planung des neuen Stadtteils befasst war, entspringt der organische Baukörper seines breit nach Süden aufgefächerten Hochhauses dem gleichen Denken, dem sich Aaltos deutsche Kollegen Ernst May, Hans Bernhard Reichow, Max Säume und Günther Hafemann verpflichtet fühlten. Sie alle griffen hier auf die Wurzeln der Klassischen Moderne im Neuen Bauen zurück.

Nach Entwurf der beiden Architektenteams May/Reichow und Säume/Hafemann entstanden zwischen 1957 und 1962 in der Neuen Vahr rund 11.800 Wohnungen für annähernd 30.000 Menschen. Das Areal ist in fünf Nachbarschaften gegliedert, die von großzügigen Grünzügen durchzogen werden. Damit war die Neue Vahr eine der größten neuen Wohnsiedlungen im Westdeutschland der Nachkriegszeit. Ein Leuchtturmprojekt der Wohnungsbaugesellschaft Neue Heimat und ihrer damaligen Tochter, der GEWOBA.

Die Neue Heimat ist heute Geschichte. Die GEWOBA dagegen ist quicklebendig. Und die Neue Vahr? Die erweist sich auch nach 60 Jahren als eine gebaute Zukunftsvision mit hohem Gegenwartswert und Zukunftspotenzial. Bemerkenswert robust in ihrer Struktur, bemerkenswert qualitätvoll in Entwurf und Architektur und bemerkenswert gut gepflegt in ihrem Erscheinungsbild. Die Wechsel der städtebaulichen Vorlieben seit den 1960er Jahren hat die Neue Vahr lässig an sich abperlen lassen. Niemand ist der grünen Weitläufigkeit des Areals durch Blockrandschließungen zu Leibe gerückt, wie man dies beispielsweise in Berliner Großsiedlungen versucht hat.

Veränderungen hat es in der Vahr trotzdem gegeben. Natürlich, möchte man sagen. 60 Jahre gehen schließlich an niemandem spurlos vorbei. Auch nicht an der Neuen Vahr. Schließlich haben hier immerhin zwei Generationen gewohnt, gelebt, geliebt.

Deutlich werden diese Veränderungen beispielsweise an der Berliner Freiheit. Mit ihrer kleinen Shopping Mall und dem Gemeinschaftshaus bildet sie das kommerzielle und soziale Herzstück der Neuen Vahr. Dort zeigt sich aber auch, dass nicht jeder ergänzende Neubau gleich ein ästhetischer Glücksgriff war, der das Versprechen des hohen Niveaus der Erstbebauung weiterzuführen verstand.

Die größte Verwandlung aber wird hier oben vom Aalto-Hochhaus aus sichtbar und sie ist nicht gebaut, sondern war bereits im Konzept der Neuen Vahr angelegt: Die Häuserzeilen am Vahrer See verschwinden an diesem Sommertag in einem Meer aus sanft wogendem Grün. Grüner geht's nicht. Wo auf den historischen Aufnahmen von 1962 nur zaghaft ein paar schlanke Bäume zwischen den langen Wohnzeilen aufragten, da haben sich die Verhältnisse inzwischen umgekehrt. Zwischen mächtigen Bäumen verteilen sich die Wohnblocks. Die Vision der Architekten, einen neuen Typ Gartenstadt im Grünen zu entwerfen, hat sich grandios erfüllt.

**Wege zur Neuen Vahr**
Die Geschichte der Neuen Vahr ist zugleich ein Stück Deutscher und Bremer Nachkriegsgeschichte. Und sie ist – wie alles – gebunden an einzelne Personen, die eine Vision von Orten hatten und vom Zusammenleben der Menschen.

Deutschland 1945. Nein, eine Stunde Null gab es nicht. Das wissen wir längst. Wie eng die personellen Verflechtungen zwischen „Drittem Reich" und Nachkriegs-Bundesrepublik auch in Stadtplanung und Architektur waren, das hat uns der Architekturhistoriker Werner Durth in seinen beiden wichtigen Büchern „Deutsche Architekten" und „Träume in Trümmern" so anschaulich wie wissenschaftlich fundiert erzählt. Neben jenen, die im „Dritten Reich" in Deutschland blieben und im Bombenhagel neue Städte planten, gab es jene Architekten, die nach 1933 aufgrund ihres Glaubens oder ihrer politischen Überzeugungen nicht in Deutschland bleiben konnten. Zu ihnen gehörte Ernst May. May zählt zu den bedeutenden Architekten des Neuen Bauens in Deutschland, unter denen die moderne Architektur in der Weimarer Republik völlig neue Wege bei Wohnungsbau und Stadtplanung einschlug. Mit ihren Entwürfen orientierten sie sich am Ideal einer gesunden, licht- und luftdurchfluteten Gartenstadt nach englischem Vorbild. In den Wohnzeilen der Siedlungsbauten von Berlin, Frankfurt am Main oder Celle formulierten sie gebaute Alternativen zur bedrückend lichtlosen Enge und den hygienisch mangelhaften Mietskasernen der „steinernen Stadt" des 19. Jahrhunderts. Als Stadtbaurat setzte May diese Konzepte ab 1925 im „Neuen Frankfurt" um. In den Jahren 1930 und 1933 wollte er am Aufbau der stalinistischen Sowjetunion mitwirken. Es entstanden gewaltige Planungen für Trabantenstädte und für ein neues Moskau. Doch nicht nur Mays Vision der Moderne blieb eine Episode unter Stalin, der sich stattdessen einem eklektizistischen Zuckerbäckerstil mit Säulen und Kapitellen zuwendete. Desillusioniert verließ May 1933 Moskau. Ins nationalsozialistische Deutschland konnte er nicht zurückkehren und zog stattdessen ins afrikanische Exil, wo er 1937 ein eigenes Architekturbüro eröffnete.

Gleich nach 1945 gab es erste Versuche, den bereits sechzigjährigen May nach Deutschland zurückzuholen. Dafür setzte sich unter anderem Werner Hebebrand ein. Er hatte mit May in Frankfurt und der Sowjetunion zusammen gearbeitet. Zu Beginn der 1950er Jahre stellt er den Kontakt zwischen May und der Neuen Heimat her, die in Hamburg saß. 1952 stieg Hebebrand schließlich zum einflussreichen Hamburger Oberbaudirektor auf. In dieser Funktion veröffentliche er 1962 seine Überlegungen zur Siedlungsplanung. Dort ist ein „Schemaplan [...] einer kleinen Stadteinheit" zu finden. Gegliedert in „4–6 Volksschuleinheiten" für „25.000 bis 30.000 Einwohner" entspricht das in etwa den Dimensionen der Neuen Vahr.

Besaß der Wohnungsbau schon zu Beginn des 20. Jahrhunderts aufgrund der unzureichenden Wohnverhältnisse in den Großstädten eine hohe Bedeutung, so hatte sich diese Situation nach 1945 in Deutschland dramatisch zugespitzt. In Tilmann Harlanders Betrachtungen zur „Stadtentwicklung in der Bundesrepublik", die er 1999 in der großen „Geschichte des Wohnens" der Wüstenrot-Stiftung veröffentlicht hat, ist nachzulesen, dass im Nachkriegsdeutschland geschätzt acht Millionen Wohnungen fehlten. Gründe dafür waren einerseits die Zerstörungen der deutschen Städte während des Zweiten Weltkriegs. So waren in Bremen rund 60 Prozent der Bausubstanz zerstört. Andererseits strömten Millionen Flüchtlinge aus den ehemaligen deutschen Ostgebieten in die junge Bundesrepublik. Daraus erwuchs ein Wohnungsbedarf, der nicht allein in den wiederaufzubauenden Stadtzentren zu verwirklichen war. Dafür bedurfte es völlig neuer Stadtquartiere. Vorbilder für diese neuen Trabantenstädte bot wiederum die Idee der durchgrünten und locker bebauten Gartenstadt, wie sie der Brite Ebenezar Howard bereits Ende des 19. Jahrhunderts einführte, und auf der schon die Siedlungsbauten der Weimarer Republik gefußt hatten. Daneben gab es aber auch zeitgenössische Einflüsse, die britischen New Towns etwa, die ab 1944 zur Entlastung der urbanen Zentren geplant wurden, oder der planmäßige Wiederaufbau des im Zweiten Weltkrieg von deutschen Bomben vollkommen zerstörten niederländischen Rotterdams sowie die vielbeachtete neue Siedlung Vällingby in Schweden. Sie entstand zu Beginn der 1950er Jahre als Alternative zum Zentrum Stockholms. Insofern steht die Neue Vahr in einer guten europäischen Tradition des Großsiedlungsbaus.

**Bremer Anspruch**
Den ersten Aufgalopp für die Neue Vahr bildeten in Bremen zum einen die Siedlung „Grünhöfe", die May 1955/57 in Bremerhaven verwirklichte, zum anderen die Gartenstadt Vahr. Sie entstand als ältere, aber kleinere Schwester der Neuen Vahr ab 1954. An ihrer Planung waren neben Ernst May bereits die Bremer Architekten Max Säume und Günther Hafemann beteiligt. Hinzu kam – wie in der Vahr – der für die Neue Heimat wirkende Gartenarchitekt Karl August Orf. Mit dem Wohnhochhaus am Heide-Platz als Höhendominate und drei achtgeschossigen Wohnzeilen zeigte die Gartenstadt Vahr, die vom Bremer Landesamt für Denkmalpflege bereits als Kulturdenkmal erkannt wurde, deutlich höhere Dimensionen als dies noch bei den in der Regel drei- bis viergeschossigen Siedlungsbauten der Weimarer Republik üblich gewesen war. Anstelle streng gereihter Wohnzeilen verwirklichten die Architekten einen organischen Städtebau mit sanft geschwungenen Straßenverläufen. Ein Konzept, das Hans Bernhard Reichow in seinem Buch „Organische Stadtbaukunst" vertrat, weshalb er unter seinen Kollegen auch als „Bernhard von Organien" auf den Arm genommen wurde. Als vierter Architekt vervollständigte er die Planergruppe für die Neue Vahr.

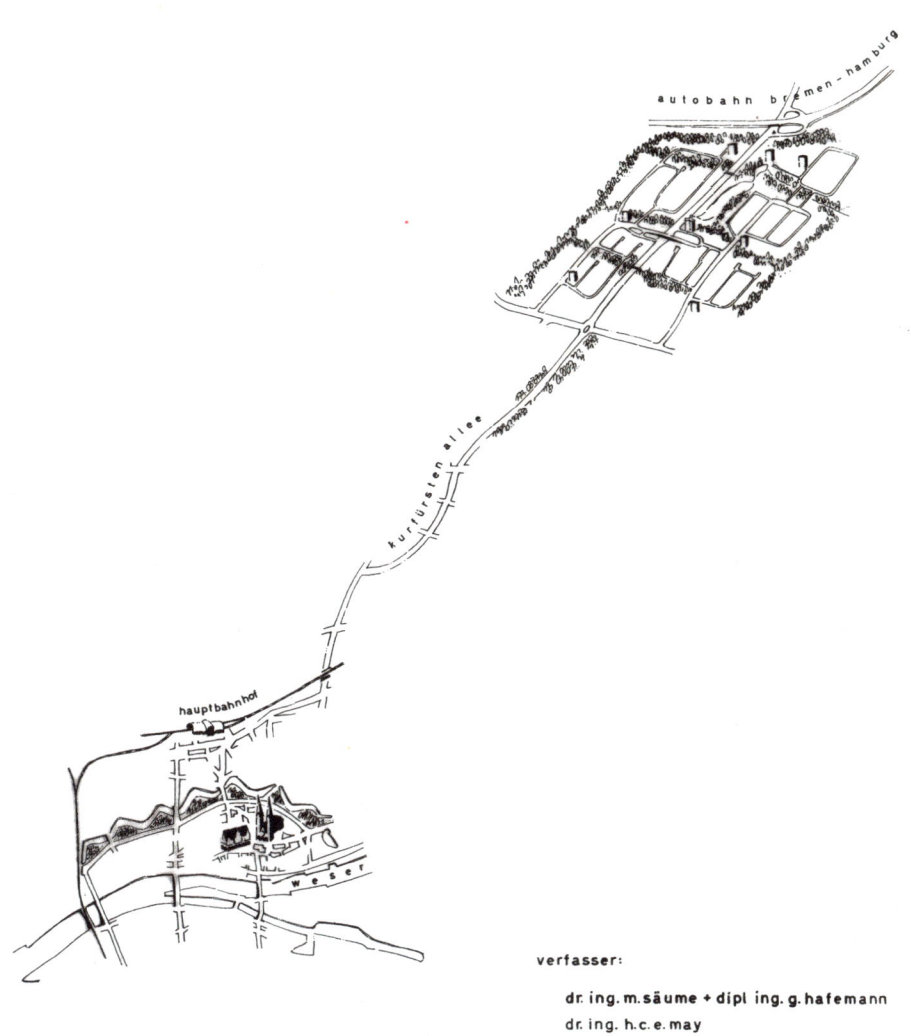

Stadtanschluss Neue Vahr

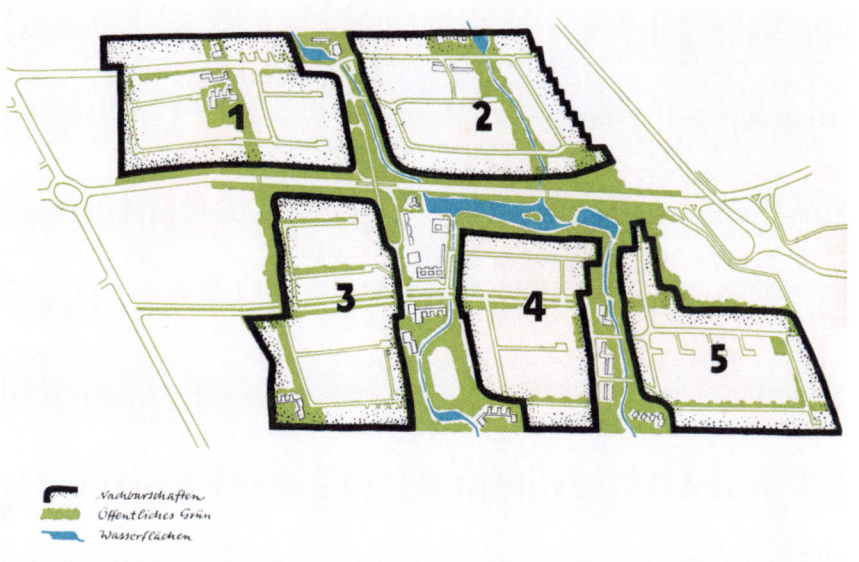

Die fünf Nachbarschaften in der Neuen Vahr

Die Neue Vahr

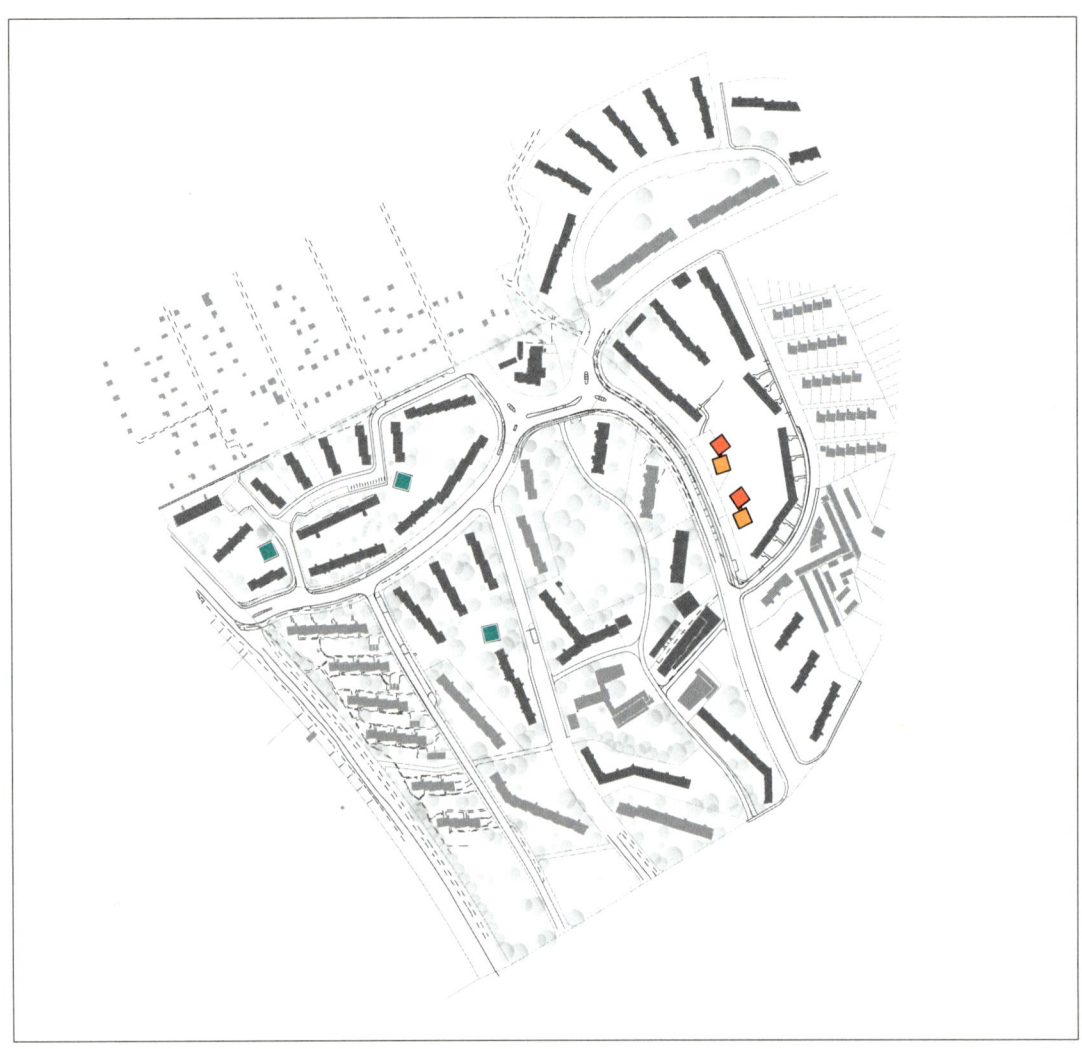

Mit dem Wettbewerb „ungewöhnlich wohnen" wurde der Frage nachgegangen, wie die vorhandenen Siedlungsbestände der GEWOBA um Wohnraum nach aktuellen Bedürfnissen ergänzt werden können.

Zwei Projekte wurden bereits realisiert, ihre Übertragbarkeit auf vergleichbare städtebauliche Situationen bestätigt: Beim Bautyp „Tarzan und Jane" (orange/gelb) verbindet ein Laubengang als variables Gelenk zwei Gebäudekörper je nach Anforderung der städtebaulichen Situation.

Der würfelförmige Stadtbaustein „Bremer Punkt" (türkis) geht mit einem Baukasten unterschiedlicher Wohnungstypen auf die individuellen Anforderungen des Standortes ein. In der Gartenstadt Vahr werden beide Typen an insgesamt fünf Standorten wiederholt realisiert.

Neben dem aufgelockerten und durchgrünten Städtebau, der nach 1945 – wenn auch unausgesprochen – immer die Erfahrung des Luftkrieges und der Feuerstürme in den Altstädten mitdachte, gehörten Zentralheizungen (ab vier Geschossen) und Kleinküchen programmatisch zur Gartenstadt Vahr dazu. Das Thema Küche hatte May bereits in Frankfurt interessiert, wo Margarete Schütte-Lihotzky 1926 die heute legendäre kompakte „Frankfurter Küche" entwickelte. So wie in der Neuen Vahr dominiert auch in der Gartenstadt Vahr heute das Grün das Straßenbild. Häuser und Bäume sind geblieben, gewandelt haben sich Bewohnerschaft und Gesellschaftsbild. Das greifen zusätzliche serielle Wohnungsangebote der GEWOBA auf, die bereits für ihre Nachhaltigkeit preisgekrönt wurden wie „Tarzan und Jane" von Spengler Wiescholek, Hamburg und der „Bremer Punkt" von LIN Architekten, Berlin (siehe Plan links).

„Jeder Bewohner der Freien Hansestadt Bremen hat Anspruch auf eine angemessene Wohnung. Es ist die Aufgabe des Staates und der Gemeinden, die Verwirklichung dieses Anspruchs zu fördern." Dem hohen Anspruch eines sozialen Wohnungsbaus, den die Bremer Bürgerschaft mit diesem Gesetz 1956 formulierte, folgte ein Jahr später die Umsetzung mit der Grundsteinlegung für die Neue Vahr am 9. Mai 1957. Während Max Säume und Günther Hafemann drei der fünf neuen Nachbarschaften bauten, die auf einstigem Marschland entstanden, verwirklichten Ernst May und Hans Bernhard Reichow die anderen beiden. Das städtebauliche Prinzip der Neuen Vahr entsprach in etwa dem der Gartenstadt Vahr, das von den Rändern zur Mitte hin in der Bebauungshöhe anwuchs. Die Anzahl der Wohnungen und die gesamte Dimension der neuen Wohnsiedlung waren jedoch weitaus größer bemessen. Das verbindende Rückgrat der Nachbarschaften wird durch ein Geflecht aus Seen, Fleeten und Grünzügen gebildet, das wiederum auf einen Entwurf von Karl August Orf zurückgeht. Das Wegenetz wurde entsprechend der Bedeutung der Straßen abgestuft: Breite Magistralen durchmaßen den Stadtteil und sollten eine verkehrliche Anbindung mit dem Automobil an die Kernstadt ermöglichen. Dem standen die schmaleren geschwungenen Wohnstraßen gegenüber, in denen nach Reichows Idee der „autogerechten Stadt" die Pkw eine untergeordnete Rolle spielen sollten. Das verhinderte freilich nicht, dass Reichows Konzept einer „autogerechten Stadt" ab den 1960er Jahren zum städtebaulichen Kampfbegriff umcodiert wurde, der für die „Unwirtlichkeit der Städte" mit verantwortlich gemacht wurde, wie sie der einflussreiche Soziologe Alexander Mitscherlich in seinem epochemachenden Buch 1965 beklagte.

Beim Blick zurück gilt es sich klar zu machen, welchen Quantensprung das Wohnen in der Neuen Vahr gegenüber dem Wohnungsangebot in vielen Bremer Altbauten bedeutete – sofern man nach 1945 überhaupt über eine eigene Wohnung mit Bad und Küche verfügte. Hinzu kam eine besondere Innovation der Neuen Vahr: Das eigene Heizkraftwerk zur Versorgung der Siedlung war nicht nur umweltfreundlicher. Es bedeutete für die Bewohner ganz praktisch, dass sie keine Kohleeimer mehr aus dem Keller schleppen mussten.

Zu den gestalterischen Glanzlichtern der Siedlung gehörte das Farbkonzept von Hans-Albrecht Schilling. Wie schon Bruno Taut in seinen Berliner Siedlungen der 1920er Jahre verwendete auch Schilling die dauerhaft farbechten und atmungsaktiven Keimschen Mineralfarben. Sie verliehen den Häusern ihr eigenes, besonders kraftvoll komponiertes Gepräge.

**Städtebaulicher Wendepunkt**
Geschichtlich markiert die Neue Vahr einen Wendepunkt in der Entwicklung der Wohnsiedlungen im Nachkriegsdeutschland. Größer in den Abmessungen und höher in ihren einzelnen Bausteinen als etwa die „typische" Nachkriegssiedlung der Gartenstadt Vahr, verweist sie bereits auf die Großsiedlungen der 1960er Jahre. Andererseits bleibt sie der Idee der aufgelockerten, organisch gegliederten Wohnsiedlung der unmittelbaren Nachkriegsjahre verhaftet. Das ist ein Gegensatz zu den späteren Großsiedlungen, die ab Mitte der 1960er bis in die 1970er Jahre unter dem Leitgedanken einer „Urbanität durch Dichte" geplant wurden – etliche ebenfalls von der Neuen Heimat. Dahinter stand eine Abkehr von der Idee der Gartenstadt zugunsten städtischerer Siedlungen mit einer deutlich höheren Ausnutzung der Flächen durch Wohnhochhäuser. Mit der sozialen Utopie der Großsiedlungen ging eine ökonomische und technische Optimierung des sozialen Wohnungsbaus durch eine fortschreitende Normierung und Standardisierung der Bauprozesse einher. Eine Entwicklung, mit der auch Bremen und die GEWOBA ihre Erfahrungen gesammelt haben: Vom Dach des Aalto-Hochhauses aus zeichnen sich die Hochhäuser von Osterholz-Tenever ab, das vor einigen Jahren im

Die Neue Vahr

Auf der Brücke über der
heutigen Richard-Boljahn-Allee

Ärztehaus im Zentrum der Neuen Vahr,
Entwurf: Hans Bernhard Reichow

Die Neue Vahr

Minigolf vor dem Aalto-Hochhaus

Sonntag in der Neuen Vahr

Die Neue Vahr

Reihenhäuser in der
Julius-Leber-Straße

Mustereinrichtung einer
Einzimmerwohnung

Die Neue Vahr

An der Kurt-Schumacher-Allee

Rahmen des Stadtumbau-West-Prozesses eine umfassende Sanierung durchlaufen hat. Die auf Rationalisierung ausgerichteten und in Kennzahlen systematisierten wohnungspolitischen Konzepte der 1960er Jahre waren zugleich soziale Gesellschaftsutopien, die die Form extrem verdichteter Trabantenstädte annahmen. Zukunftsvisionen, die in den Massenstudien der Stadtmodelle noch heute faszinieren. In der gebauten Realität stießen sie jedoch schnell an die Grenzen. Größe der Siedlung und die Anonymität der Bewohner paarten sich mit einer häufig unfassbar schlechten Architektur sowie unzureichender Bauausführung und Materialqualität. Allerdings gilt auch für die industrialisierten Großsiedlungen, dass sich die eher kritische Außensicht auf die Siedlungen von einer eher positiven Innensicht der Bewohner abhebt.

**Und die Neue Vahr?**
Bereits ihre Entstehung wurde in Stadtgesellschaft und Medien positiv begleitet. Gleichwohl wurde in einem Filmbeitrag der frühen 1960er Jahre die Befürchtung geäußert, die Dichte in der neuen Wohnsiedlung könne zu hoch ausfallen. Eine Befürchtung, die angesichts des herrlich weitläufigen Grüns noch heute überrascht. Die Bewohner jedenfalls waren und sind mit ihrer Vahr zufrieden. Bereits 1973 gab es eine erste Untersuchung zur Bewohnerzufriedenheit. Dem Gedanken „man wohnt in der Neuen Vahr fast schon im Grünen" stimmte damals schon eine überwältigende Mehrheit der Befragten zu. „Nüchtern, kalt und monoton", wie das Standardvorurteil gegenüber den Siedlungen einer vermeintlich „gesichtslosen" Moderne lautet, empfanden dagegen nur wenige Mieter ihre Vahr. Die Zukunft hat in der Vahr bis heute einen guten Klang. Die Sicht der „Vahraonen" auf ihre Vahr ist nach wie vor „generell recht wohlwollend". Insbesondere Bewohner, die bereits länger als 10 Jahre in der Vahr leben, sprechen von einer engen persönlichen Bindung an den Stadtteil. Wünsche nach Veränderungen und Verbesserungen gibt es trotzdem, im Kleinen wie im Großen. Ein Problem stellt das nicht dar. Eher im Gegenteil. Städte sind lebende Organismen. Sie werden durch die Menschen bestimmt, die sie bewohnen. Deren Lebenswirklichkeiten präsentieren sich 2018 anders als 1962 und werden sich 2035 wiederum verändert haben. Die Aufgabe des Leitbildprozesses ist es daher, Strategien aufzuzeigen, damit die Neue Vahr 2035 so lebens- und liebenswert bleibt wie sie es 1962 war und 2018 ist.

Die Neue Vahr

Vogelperspektive
aus süd-östlicher Richtung
kurz nach Fertigstellung

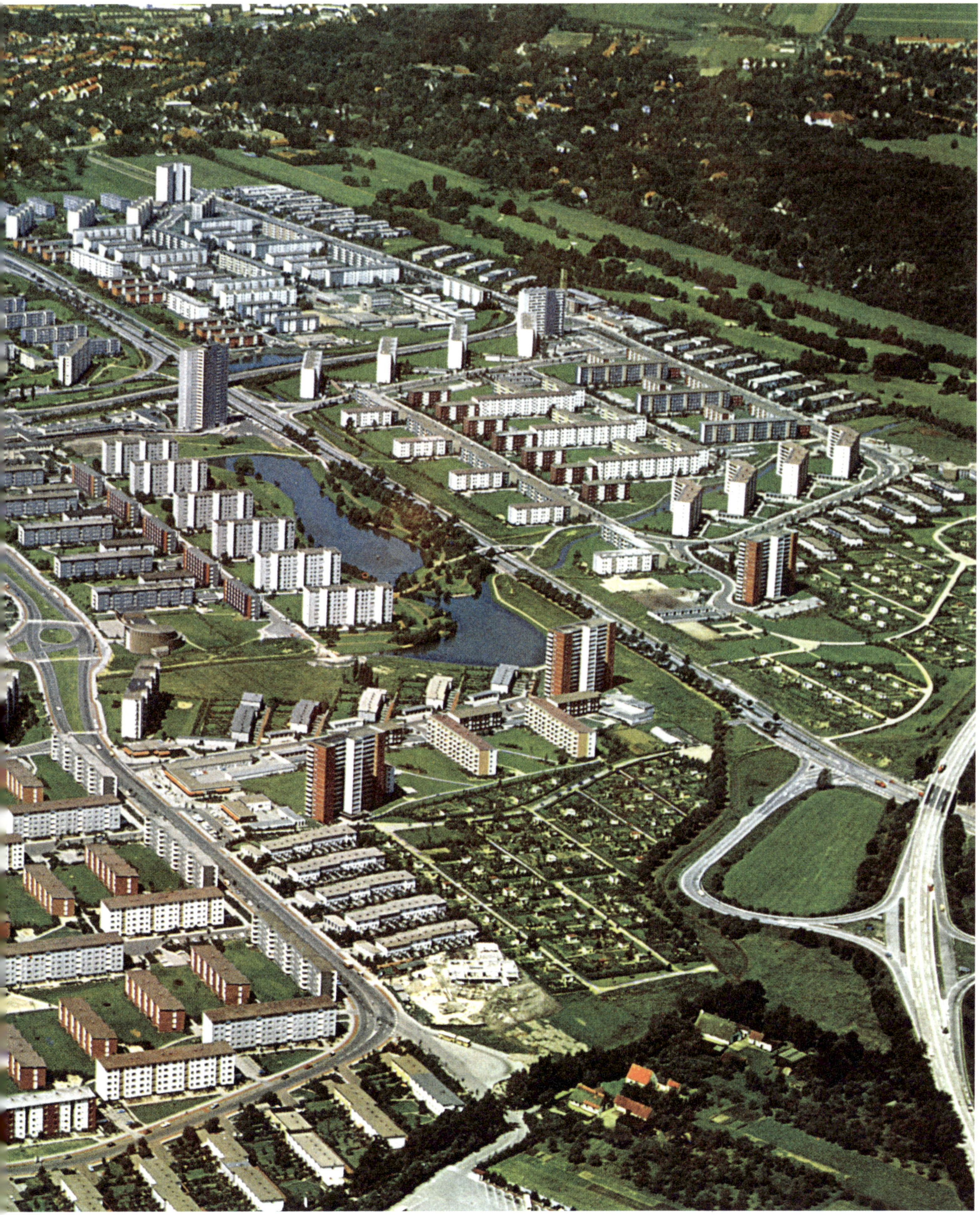

Das Verfahren

# Eine interdisziplinäre Werkstatt

Katja-Annika Pahl

Wenn eine Siedlung über Jahrzehnte so gut funktioniert und bei ihren Bewohnern so beliebt ist wie diese, dann muss in der ursprünglichen Planung einiges richtig gewesen sein. Dieses Potenzial sollte genutzt werden. Die Planer bekamen deshalb den Auftrag, sich bei der Entwicklung der Konzepte und Leitbilder auf die historischen Ideen zu beziehen und an die ursprünglichen planerischen Konzepte der Neuen Vahr anzuknüpfen.

Die Neue Vahr in Bremen ist eine intakte, gut funktionierende Großsiedlung, die auf den ersten Blick keiner wesentlichen Veränderung bedarf. Alles scheint gut. Und doch wurde gerade hier ein Entwicklungsprozess angestoßen, der in mehrfacher Weise ungewöhnlich ist: Ungewöhnlich in Anbetracht der herausragenden baugeschichtlichen Bedeutung des Untersuchungsgebiets, ungewöhnlich, da auf den ersten Blick kein akuter Handlungsbedarf besteht und zudem ungewöhnlich, da der Prozess fachlich besonders breit und interdisziplinär angelegt wurde.

**Untersuchungsgebiet**
Die Neue Vahr ist eine besondere Großsiedlung. Sie bildet zusammen mit der Gartenstadt Vahr den Stadtteil Vahr, der seinerseits Teil des Stadtbezirks Ost ist. In der Neuen Vahr leben gut 19.000 Einwohner auf einer Flächen von circa 250 ha. Der GEWOBA gehören dort rund 7.500 Wohnungen.

Bereits bei Ihrer Entstehung sorgte die Neue Vahr als „Stadt der Zukunft" für überregionales Aufsehen. Heute ist sie eine der bekanntesten großen Wohnsiedlungen Deutschlands und eine der ganz wenigen, die im fachlichen Diskurs auch unter baukulturellen Aspekten positiv besprochen werden[1]. In Bremen bilden die Bauten der Neuen Vahr für die GEWOBA das größte zusammenhängende Wohngebiet in ihrem Portfolio. Und am wichtigsten: Die Neue Vahr ist ein Ort, an dem Menschen von Beginn an bis heute gerne wohnen. Das belegen Befragungen bereits seit den 1970er Jahren. Ebenso gab es immer wieder Überlegungen und Diskussionen zur Weiterentwicklung der Neuen Vahr[2], die zum Teil in konkreten Veränderungen mündeten. So entstand im Jahr 1977 als Resultat des Bürgerausschusses zur Umgestaltung der Neuen Vahr das noch heute bestehende Bürgerzentrum an der Berliner Freiheit.

**Anlass**
Obwohl es keine akuten Probleme gibt, hat sich die GEWOBA dazu entschieden, in einem umfangreichen Verfahren die Neue Vahr im Jahr 2017 aus den Blickwinkeln von Bewohnern, lokalen Akteuren und Planern ganz genau unter die Lupe nehmen zu lassen. Warum? In einer Großsiedlung wie dieser, die in einem Zuge und innerhalb kurzer Zeit im Sinne eines Gesamtkunstwerks geplant wurde, bedürfen Änderungsprozesse eines übergeordneten Konzepts und einer langfristigen Strategie[3]. Im Gegensatz zur Situation in einer historisch gewachsenen Stadt, können hier schon vermeintlich kleinere Ergänzungen und Veränderungen das fein austarierte System der Stadtlandschaft räumlich und sozial aus dem Gleichgewicht bringen. Derartige Fehlentwicklungen gilt es zu verhindern, um eine langfristige Stabilität zu gewährleisten. Deshalb wurden jetzt, zu einem Zeitpunkt, an dem keine gravierenden Probleme virulent sind, quasi als Vorsorge für die Zukunft, ein Leitbild und Konzepte für die Weiterentwicklung der Neuen Vahr entwickelt. Sie sollen es ermöglichen, in der Neuen Vahr auf Erfordernisse zu reagieren, ohne ihre Qualitäten zu gefährden oder ihre historischen Grundideen zu unterminieren. Als Richtschnur für Entscheidungen und Anstoß für konkrete Projekte wird das Leitbild helfen, die Qualitäten der Neuen Vahr in zukünftigen Wandlungsprozessen zu wahren oder sogar zu verbessern.

**Beteiligte**
In Kooperation mit dem Senator für Umwelt, Bau und Verkehr, dem Ortsamt Schwachhausen / Vahr und dem Ortsbeirat lobte die GEWOBA im Mai 2017 einen Leitbildprozess aus. Eine übergeordnete Steuerungsgruppe und zwei thematisch fokussierte Arbeitsgruppen begleiteten das Verfahren seit Beginn der Konzeptionsphase kontinuierlich und halfen dabei, die Qualität des Vorhabens zu sichern.

In einem interdisziplinär aufgestellten Prozess wurde die Vahr in zwei miteinander verschränkten Verfahren intensiv untersucht. Mit etwas zeitlichem Vorsprung startete als erstes ein vielschichtiges Mitwirkungsverfahren, konzipiert und umgesetzt von Wissenschaftlern des vhw – Bundesverband für Wohnen und Stadtentwicklung. Das Team des vhw hat eine bürgerschaftlich orientierte Bestandsanalyse durchgeführt und die aktuellen Herausforderungen der Neuen Vahr wurden kritisch reflektiert (ausführliche Beschreibung s. S. 58). Erste Ergebnisse dieser Analyse lagen beim Start des Leitbildverfahrens vor und boten eine fundierte Basis für die folgenden konzeptionellen Auseinandersetzungen. Das Leitbildverfahren war als interdisziplinäre Werkstatt angelegt. Drei renommierte Planungsbüros, ARGUS Stadt und Verkehr aus Hamburg, bgmr Landschaftsarchitekten aus Berlin und als Stadtplaner COBE Berlin, wurden gleichberechtigt beauftragt, weil hier alle drei Aspekte – Stadt, Landschaft und Verkehr – für die Qualität und

Das Verfahren

die qualitätsvolle Weiterentwicklung der Siedlung von gleich großer Bedeutung sind.

**Aufgabe**
Das aus diesen drei spezialisierten Büros gebildete Planungsteam hatte die Aufgabe, gemeinsam integrierte Leitbilder und Strategien für die zukünftige Entwicklung der Neuen Vahr zu entwerfen. Der Prozess startete mit einer Prämisse: Wenn eine Siedlung über Jahrzehnte so gut funktioniert und bei ihren Bewohnern so beliebt ist wie diese, dann muss in der ursprünglichen Planung einiges richtig gewesen sein. Dieses Potenzial sollte genutzt werden. Die Planer bekamen deshalb den Auftrag, sich bei der Entwicklung der Konzepte und Leitbilder auf die historischen Ideen zu beziehen und an die ursprünglichen planerischen Konzepte der Neuen Vahr anzuknüpfen.

Aufbauend auf den fünf Nachbarschaften, den Grünzügen mit den öffentlichen Nutzungen und der Parklandschaft mit Fleeten und Seen sollten sie zukunftsfähige Leitbilder und Szenarien für die Weiterentwicklung und Ergänzung der Siedlung formulieren. So soll die Historie der Neuen Vahr behutsam und unter Berücksichtigung ihrer charakteristischen Eigenheiten fortgeschrieben werden. Aus den unterschiedlichen Blickwinkeln des interdisziplinären Teams sollten die primären Konzepte, die einst die Neue Vahr zur „Stadt der Zukunft" machten, im Werkstattprozess daraufhin geprüft werden, ob sie aus Sicht der heutigen Bewohner sowie der am Prozess Beteiligten anzupassen oder weiterhin unverändert zeitgemäß sind. Dabei sollte aufgezeigt werden, wie die Neue Vahr als Wohnstandort in Bremen funktioniert, wie sich die Strukturen, die die Neue Vahr prägten und prägen, sinnvoll in die Zukunft überführen lassen, und welche Potenziale sie bieten. Im Laufe des Prozesses wurden auf diese Weise Themen untersucht und reflektiert, die vom großen städtebaulichen Maßstab (beispielsweise der Einbindung der Vahr in das umgebende städtische Gefüge) über Fragen der Programmierung (wie die Nutzungsmischung) bis hin zum Maßstab der Nachbarschaften reichen.

**Struktur**
An fünf Tagen in der Zeit zwischen Juni 2017 und Januar 2018 trafen sich im Abstand von jeweils einigen Wochen das Planungsteam sowie lokale und externe Experten im Herzen der Neuen Vahr, im Bürgerzentrum an der Berliner Freiheit, zu einem Programmierungsworkshop, einem Bürgerworkshop sowie drei Werkstattgesprächen.

Beim ersten Treffen, dem Programmierungsworkshop, wurden der Ort und die Aufgabe vorgestellt und diskutiert. Die Planer hatten die Gelegenheit, die Atmosphäre und Struktur der Neuen Vahr an ausgewählten Orten sehr prägnant zu erleben. Nach einem eindrucksvollen Blick über die Neue Vahr aus gut 60 Metern Höhe vom Dach des Aalto-Hochhauses aus wurden das Zentrum, die Ränder, Achsen und Knotenpunkte sowie besonders typische Orte besucht und ein Exkurs in die Gartenstadt Vahr unternommen. Vor Ort entstanden rege Diskussionen mit den Vertretern der Stadtplanung, des Ortsamts, des Beirats, des Quartiersmanagements und der GEWOBA.

Der zweite Termin in der Neuen Vahr war ein vom vhw – Bundesverband für Wohnen und Stadtentwicklung organisierter Bürgerworkshop (s. S. 58) Hierzu waren die Planer als beobachtende Gäste eingeladen. Sie konnten aus moderierten Diskussionen an drei Themen-Tischen wichtige Informationen und Anregungen für ihre Planung mitnehmen und informell und direkt mit Bewohnern der Neuen Vahr ins Gespräch kommen.

Auf diese beiden eher informativen Veranstaltungen folgten drei Werkstattgespräche, die als intensive Arbeitstreffen konzipiert waren. Im Abstand von jeweils knapp zwei Monaten haben die Planungsteams ihre Ideen und Konzepte zu den Themen „Einbindung und Erschließung", „Grün- und Freiraum" sowie „Nachbarschaften und Baustruktur" präsentiert und zur Diskussion gestellt. Zu allen drei Terminen war eine große Runde aus internen und externen Experten sowie Bewohnern als Diskussionspartner eingeladen. Außerdem wurden jeweils vier auswärtige, international renommierte externe Experten als Gastkritiker engagiert, die eine besondere Kompetenz in der jeweiligen Thematik besitzen. Nach einer Präsentation der Ideen und Konzepte im Plenum wurden diese in kleinerem Kreise an jeweils drei Themen-Tischen mit den Planern diskutiert. Die Gastkritiker gaben den Planern abschließend konkrete Hinweise für die weitere Bearbeitung mit auf den Weg. Unabhängig von den Werkstattgesprächen gab es für die Planer das Angebot, individuelle, themenbezogene Vor-Ort-Termine mit den jeweils relevanten Ansprechpartnern wahrzunehmen. Im Anschluss an das dritte Werkstattgespräch im

Januar 2018 wurden die Ergebnisse nach einem abschließenden intensiven Feedback aller Beteiligten finalisiert und zusammengestellt.

**Ergebnisse**
Vieles ist tatsächlich bereits jetzt gut in der Neuen Vahr. Dennoch ist es mit dem Leitbildverfahren gelungen zu zeigen, dass es an manchen Orten über die bereits bestehenden Qualitäten hinaus noch Verbesserungspotenzial gibt, dass einige Potenziale bisher kaum sichtbar waren, und dass in der Weiterentwicklung der Neuen Vahr im Sinne einer Fortschreibung der ursprünglichen Konzepte große Chancen liegen. Zur Identifikation der Themen und Orte, denen Aufmerksamkeit geschenkt werden sollte, war die Verschränkung mit dem Mitwirkungsprozess sehr hilfreich, die Aussagen und Wünsche der Bewohner gaben Anstoß, sich mit Themen wie zum Beispiel dem Wasser intensiver zu befassen. Der Blick der Planer wurde fokussiert und plötzlich wurden durch kluge Ideen und Konzepte für gezielte Veränderungen Potenziale deutlich, die vorher im wahrsten Sinne des Wortes im Verborgenen lagen, aber in der ursprünglichen Konzeption der Neuen Vahr bereits angelegt waren. So wie es bereits mit der gleichberechtigten Beauftragung der Planer intendiert war, erlangten dabei die verkehrlichen, freiraumplanerischen und städtebaulichen Konzepte die gleiche Bedeutung und ergänzten sich gegenseitig. Durch die intensive, regelmäßige Diskussion mit Akteuren, die aus ganz unterschiedlichen, sehr nahen bis eher übergeordneten Perspektiven auf die Neue Vahr blicken, wurden die Ideen der Planer immer wieder überprüft und gemeinsam in den richtigen Maßstab gebracht.

Es ist auf diese Weise gelungen, im Sinne einer feinen Justierung durch behutsame, auf den ersten Blick vielleicht unspektakuläre Vorschläge für Veränderungen und Ergänzungen neue Qualitäten zum städtischen Gefüge der Neuen Vahr hinzuzufügen und die bereits bestehenden Qualitäten zu stärken.

1 Harnack, Maren / Stollmann, Jörg: „Große Wohnsiedlungen Gestern und Heute". In: *Identifikationsräume. Potentiale und Qualität großer Wohnsiedlungen.* Berlin 2017, S. 8

2 Neue Heimat (Hg.): *... am Beispiel „Neue Vahr". Dokumentation der Arbeit des Bürgerausschusses zur Umgestaltung der Neuen Vahr, Bremen.* Hamburg 1972

Kob, Janpeter / Kurth, Monika / Voss, Rüdiger / Schulte-Altedorneburg, Manfred: „Städtebauliche Konzeptionen in der Bewährung: Neue Vahr Bremen – Lehren einer Fallstudie" In: *Beiträge zur Stadt- und Regionalforschung 3.* Göttingen 1972

Riedel, Uwe / Szemeitzke, Bernd: *Neue Vahr / Bremen. Ökologische Wohnquartiersuntersuchung.* Bremen 1992

*Integriertes Handlungskonzept Neue Vahr.* Endbericht. IWS – Institut für Wohnpolitik und Stadtökologie e.V.; proloco Stadt und Region, Planung und Entwicklung unter Mitarbeit von: Jutta Schmidt, GIS-direkt, Bremen. Bremen 2006

3 vgl. dazu auch Kraft, Sabine: „Die Großsiedlungen – ein gescheitertes Erbe der Moderne?". In *arch+* 230, S. 53 und Machleidt, Hildebrand: „Renaissance der Großsiedlung". In: *Bauwelt* 40–41, 2014, S. 32

# Neue Vahr und Gartenstadt Vahr in Bremen

Universität

Bürgerpark

Schwachhausen

Bahnhofsvorstadt

Innenstadt

Östliche Vorstadt

Weser

Stadtwerder

orn Lehe

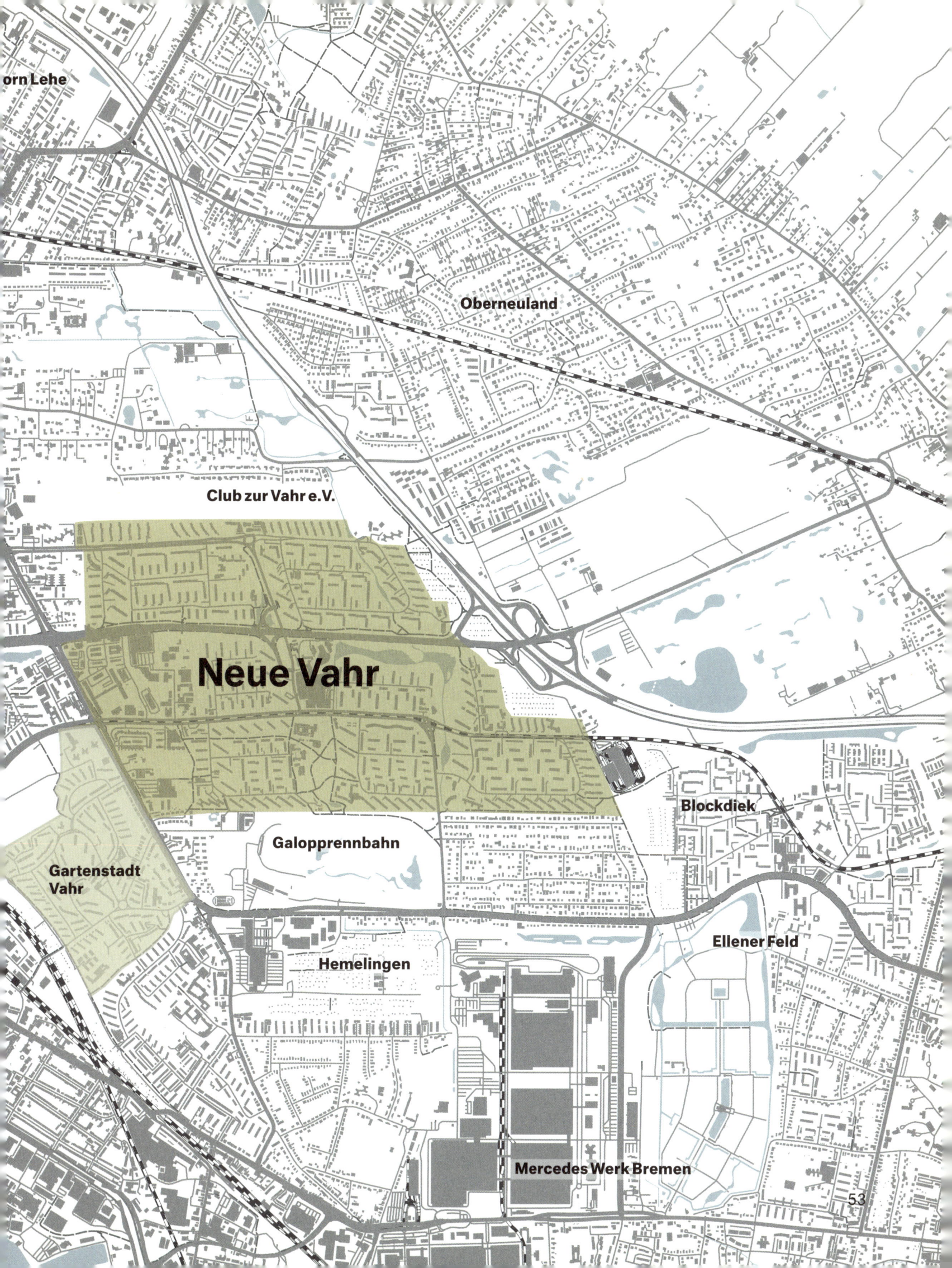

Oberneuland

Club zur Vahr e.V.

**Neue Vahr**

Gartenstadt Vahr

Galopprennbahn

Blockdiek

Hemelingen

Ellener Feld

Mercedes Werk Bremen

Das Verfahren

# Planung für eine vollendete Zukunft?

Jürgen Aring

Nun steht die Vahr nicht im Museum, sondern sie ist über die Jahrzehnte als Wohnquartier im Bremer Osten in Gebrauch geblieben. Dabei haben sich die Menschen und ihre Vorstellungen vom Leben und Zusammenleben verändert. Viele neue Bewohner mit Wurzeln aus anderen Ländern und Kulturen sind hinzugekommen. Gleichzeitig haben sich Arbeit und Wirtschaft verändert, und auch die gebaute Umwelt ist in die Jahre gekommen.

Auch städtebaulich ungeschulte Augen nehmen die Vahr als Quartier aus einem Guss wahr. Die Gebäudetypologie, die Freiräume mit Grün, Gewässern und Wegen, die Verkehrswege – alles passt zusammen und wirkt zusammen. Dieser spezielle Charakter der Vahr wirkt nach, wenn man sie verlässt. Denn dann wird die Stadt anders: heterogener, zufälliger, gewachsener, gewöhnlicher. Die Vahr ist also etwas Besonderes. Geschichtsbewusste wissen, dass sie in den 1950er Jahren geplant wurde, um einen Beitrag zur Überwindung der dramatischen Wohnungsnot der Nachkriegszeit zu leisten. Die damalige Situation der ausgebombten und im Wiederaufbau befindlichen Städte, der Einquartierung von Geflüchteten, des Lebenshungers in der sogenannten Wirtschaftswunderzeit kann man sich heute kaum noch vorstellen. Fotos aus jener Zeit, auf denen Scharen von Kindern vor Neubauten spielen, während Frauen mit Kinderwagen im Schwatz beieinanderstehen und Männer mit Anzug, Hut und Aktentasche zur Straßenbahnhaltestelle eilen, weisen den Weg in eine vergangene Zeit, in der die Zahl der Autos noch gering und die Tasse Bohnenkaffee im Pavilloncafé noch ein Event waren.

Die Vahr – so hat es die amtierende Senatsbaudirektorin Iris Reuther einmal treffend formuliert – ist „vollendete Zukunft". Sie ist ein gebautes Ergebnis des Nachdenkens über die bessere Stadt und das menschlichere Wohnen, das Architekten, Städtebauer und Sozialreformer seit der Industrialisierung, insbesondere aber in der Zwischenkriegszeit umgetrieben hatte. Damals wurde die städtebauliche Moderne erfunden. Es wurde Licht und Luft propagiert. Wohnungen sollten mehr sein als Behausungen. Nicht zur Ausbeutung, sondern zur Entfaltung des Menschen sollte Wohnungsbau beitragen – versehen mit den technischen Errungenschaften der Zeit.

Baulich und ästhetisch war die Modernitätsvorstellung jener Zeit dem Seriellen verpflichtet. So wie die nach Henry Fords Fließband fordistisch genannte Industrieproduktion Serien immer gleicher Produkte in ordentlicher und gleichbleibender Qualität zu bezahlbaren Preisen auswarf, so sollten auch Wohnungs- und Städtebau vom Seriellen profitieren. Gleichwohl designed von Spitzenarchitekten. Für all diese Vorstellungen eines modernen Lebens stand die neu gebaute Vahr um 1960, und ihre Bewohner wussten das zu schätzen. Ihnen war es auch nicht fremd, so zu sein wie ihre Nachbarn. Ganz im Gegenteil: Spätestens wenn die Nachbarin mit neuen Hausgeräten, Möbeln oder Kleidung aufwartete, wenn der Nachbar ein Auto kaufte oder von einem Urlaub im Süden sprach, war es an der Zeit, mit dem eigenen Konsum nachzuziehen. Soziologen sprachen seinerzeit von der nivellierten Mittelstandsgesellschaft.

Die Vahr ist also wahrlich „vollendete Zukunft". Sie war in der Zeit des Planens, Bauens und Erstbezugs ein Zukunftsversprechen. Gleichzeitig spiegelte sie aber auch die absolute Gegenwart der 1950er und 1960er Jahre im Hinblick auf Familienbilder, Geschlechterrollen, Arbeitswelt, Mobilität, Einkaufs- und Freizeitverhalten. Nun steht die Vahr nicht im Museum, sondern sie ist über die Jahrzehnte als Wohnquartier im Bremer Osten in Gebrauch geblieben. Dabei haben sich auch die Menschen und ihre Vorstellungen vom Leben und Zusammenleben verändert. Viele neue Bewohner mit Wurzeln aus anderen Ländern und Kulturen sind hinzugekommen. Gleichzeitig haben sich Arbeit und Wirtschaft verändert, und auch die gebaute Umwelt ist in die Jahre gekommen. Deswegen muss die Vahr immer wieder weiter entwickelt und an neue Zeiten angepasst werden, egal wie vollendet sie in den 1960er Jahren war und wie wohl sich langjährige Bewohner in ihr fühlen. Ob es um Geschäfte, Wohnungsgrundrisse, Verkehrsanbindungen, Grünflächen oder auch soziale Netzwerke, Nachbarschaften, Altenangebote und Bildungslandschaften geht, immer ist etwas im Umbruch. So ist auch seit den 1980er Jahren schon manches hinzugefügt, umgebaut oder angepasst worden.

Die GEWOBA als Eigentümerin von fast 10.000 Mietwohnungen und die Hansestadt Bremen mit ihren Straßen, öffentlichen Räumen und sozialen Einrichtungen stehen in der Verantwortung, diesen besonderen Stadtteil lebenswert und zukunftsfähig zu halten. Ohne sie und gegen sie ist das nicht möglich. Im Unterschied zur umgebenden Stadt mit ihrer gewachsenen Vielfalt und kleinteiligen Eigentümerstruktur, in der Umbruch und Erneuerung aus hunderten unabhängiger kleiner Maßnahmen und Aktivitäten entstehen kann, bedarf es für die Vahr viel stärker einer systematischen Planung. Deswegen ist die GEWOBA mit einem Leitbildprozess zur Zukunft der Vahr aktiv geworden. Sie stellt sich als Wohnungseigentümerin mit sozialer Verantwortung mehreren Aufgaben:

## Das Verfahren

- Die langen Linien im Blick behalten: Dazu gehört einerseits der Blick zurück in die Entstehungszeit der Siedlung, um die zugrundeliegenden Ideen und das bauliche Erbe zu achten. Andererseits auch der Blick nach vorn, um den Herausforderungen von sozialem und demographischem Wandel, neuen Wohnbedürfnissen, Digitalisierung, Arbeitswelt, Mobilität und dergleichen mehr Rechnung zu tragen.

- Dem Planungsprozess Tiefe und Qualität geben: Deswegen wurden verschiedene Büros beauftragt, städtebauliche, freiraumplanerische und verkehrsbezogene Zukunftsfragen planerisch durchzuspielen und mögliche Lösungen auszuarbeiten. Zusätzlich wurde für eine Koordination zwischen den Büros und eine Reflexion von Zwischenergebnissen gesorgt.

- Für eine Mitwirkung aller Betroffenen sorgen: Betroffen von einem Planungsprozess sind viele, beispielsweise Eigentümer, Betreiber, Mieter, Anrainer! Doch nicht alle werden sofort gesehen, melden sich sofort zu Wort, oder sind gleich sprachfähig. Insbesondere bei den Mietern gibt es eine große schweigende Mehrheit, die aber durchaus Interessen und Wünsche hat. So wurde der vhw – Bundesverband für Wohnen und Stadtentwicklung mit seinen Partizipationserfahrungen eingebunden, um auch „den Stummen eine Stimme zu geben."

- Einen informierten und fairen Diskurs im Planungsprozess gewährleisten: Die Mitwirkung von Betroffenen mündet am ehesten in gemeinsame Zielvorstellungen und Legitimation für konkrete Maßnahmen, wenn auf die existierenden Macht- und Informationsgefälle eine Antwort gefunden wird. Sie liegt in einer klaren Formulierung des Möglichen sowie in Arbeitsprozessen, die auf Informationstransparenz und Fairness zielen.

Ungeachtet einer solchen Haltung, die in entsprechende Verfahren mündet, zeigt sich der Erfolg eines Prozesses erst unterwegs. Denn auch bei einem zeitgemäßen Verfahren muss am Ende ein Ausgleich oder Kompromiss zwischen unterschiedlichen Interessen gefunden werden. Und es sind immer wieder unterschiedliche Perspektiven in den Blick zu nehmen, für die nicht einfach Präferenzen gesetzt werden können:

- Gegenwartserfordernisse vs. lange Linien nach hinten und in die Zukunft

- Einzelinteressen vs. Integrierte Perspektiven

- Alltagswelt vs. Fachperspektiven

Schaut man zurück in die 1950er Jahre, als die Vahr geplant wurde, dann trifft man auf „allmächtige Planer", die für sich in Anspruch nahmen, mit ihrem Wissen und Können all diese Perspektiven zu überblicken und eine optimale Lösung zu haben. In gewissem Maße mag das sogar berechtigt gewesen sein, denn die Gesellschaft war homogener und die Vorstellungen einer modernen Zukunft eindeutiger. Inzwischen sind die Zeiten anders. Über einen langen Zeitraum von 50 Jahren ist Politik partizipativer und die Gesellschaft vielfältiger geworden. Die Vorstellung eines „allmächtigen Planers" mutet geradezu absurd an. So ist die aktive Einbindung und Mitwirkung von Bürgern in Planungsprozesse, insbesondere wenn diese ihr eigenes Lebensumfeld berühren, selbstverständlich geworden.

Der gängige Begriff Bürgerbeteiligung scheint inzwischen eher unzureichend, um dem Kanon an Teilhabemöglichkeiten gerecht zu werden. Zuweilen erscheint es so, als hätten sich die Verhältnisse umgekehrt vom allmächtigen Experten zum allmächtigen Bürger, wenn eine umfragegestützte Politik sich nur noch traut, Themen aktiv anzugehen, die den umfrageermittelten Bürgerwillen abbilden.

Für den Perspektivprozess wurde ein Verfahren aufgestellt, das die zuvor formulierten Anforderungen verknüpft. Alltagswelt, Fachperspektiven, Betroffeneninteressen haben darin ihren Platz, und nichts davon steht für sich absolut. Zugleich bringen Richtung und Rahmung des Verfahrens neue Möglichkeiten, Grenzen und Zwänge hervor. An Partizipation führt in diesem Kontext kein Weg vorbei, doch zugleich bleibt die Partizipation Teil des diskursiven Gesamtkontexts. Man spricht hier auch gerne von den Spielregeln des Verfahrens, wobei in Planungsprozessen nachträglich immer auch neue Spieler aufs Feld kommen, oder sich ihrer Rolle erst spät bewusst werden. Dann besteht die Herausforderung der Prozessorganisation darin, auch diese Menschen einzubinden.

Die Erfahrung der praktischen Beteiligung vor Ort zeigt, dass nur eine Minderheit der Mieter in der Vahr ihr Stadtquartier als Ikone der funktionalen städtebaulichen Moderne von vor 60 Jahren sieht. Für die meisten ist es vielmehr ein Ort des Alltags, des Hier und Jetzt. Der Fokus liegt auf der Gegenwart, in der es um Arbeitsplätze, bezahlbare Mieten, Wohnungsgrundrisse, Einkaufsmöglichkeiten, Kitas, Alteneinrichtungen, Parkplätze und dergleichen mehr geht. Auch um Ordnung und Durcheinander, Verschmutzung und Sauberkeit sowie Reibereien und Zusammenhalt. Dementsprechend gibt es viele sehr konkrete Wünsche, die die Bürger direkt oder in organisierten Runden im Diskursprozess immer wieder aufgerufen haben, damit sie auch als kritische Messlatten Beachtung finden.

Eine Zukunftsplanung besteht nicht im Nebeneinander unterschiedlicher Positionen und Interessen. Selbst wenn ein Verfahren in Diskursschleifen angelegt ist und die Planer dabei voneinander und den eingebrachten Bürgerpositionen lernen, ist zu Beginn noch nicht klar, wann ein Konsens oder Kompromiss zwischen den Beteiligten erreicht ist. Auch bei einem intensiven lernenden Diskurs können Widersprüche längere Zeit offen bleiben oder erst in einer späteren Phase sichtbar werden. Es überrascht nicht, wenn sich in einem Prozess erst zu einem späten Zeitpunkt Protest äußert, obwohl die frühen Möglichkeiten der Beteiligung umfassend waren. In Analogie zu einem älteren Fußballbegriff könnte man von „Vorstoppern" reden, die sich erst in das Spiel einschalteten, wenn der Ball in die Nähe des Tores kommt.

In der Partizipationswelt sind es die „späten Protestierer", die bestimmte Entwicklungen verhindern wollen. Solange ihr Thema nicht auf der Agenda steht, treten sie nicht aktiv in Erscheinung. Hier empfiehlt es sich, ein Verfahren um eine Schleife zu verlängern und auch diese Personengruppe vollständig in den Prozess einzubinden. Das benötigt Zeit. Es lässt sich dann aber sichtbar machen, dass auch neu aufgetretene Positionen relativ sind. Weder haben „späte Protestierer" einen Vertretungsanspruch für alle, auch wenn zuweilen so getan wird. Noch sind ihre Positionen letzte Wahrheiten, die über Diskurs und Abwägung erhaben sind.

Zeitgemäße Partizipation sollte kein verfrühtes Basta kennen, weder bei Vorhabenträgern noch Betroffenen. Vielmehr geht es um den informierten Diskurs, der zuweilen einen langen Atem benötigt.

Das Verfahren

# Lass es Vahr werden!

Thomas Kuder

Über die Ermittlung bürgerschaftlicher Interessen, Einstellungen und Bedürfnisse der Gegenwart hinaus sollte die mehrschichtige Aufgabe der Bürgermitwirkung vor allem darin bestehen, mögliche Entwicklungsansätze der Planungsbüros aus dem kritischen Blickwinkel der aktuellen Interessen, Einstellungen und Bedürfnisse der Bürger zu reflektieren und beides einer Abwägung zu unterziehen.

Um eine fundierte Basis für den Leitbildprozess zu erarbeiten, wurde bereits vor Beginn der Planungen mit einem Mitwirkungsprozess begonnen. Neben einer an den Bedürfnissen der Bürger orientierten Bestandsanalyse und kritischen Reflexion der aktuellen Herausforderungen in der Vahr, im Sinne eines – um bürgerschaftliche Interessen und Anliegen erweiterten – Agenda-Settings, wurden innovative Pfade einer gesellschaftlich inklusiven, breiten Bürgermitwirkung beschritten.

Neben den Wünschen und Bedürfnissen der Bürger wurden auch das lokale Wissen und die Sichtweisen der beruflich mit der Vahr befassten Mitarbeiter der GEWOBA ermittelt und ebenfalls in die Diskussion eingespeist. Die Herausforderung bestand darin, die Interessen, Einstellungen und Bedarfe der langjährigen, genauso wie der neu hinzugezogenen Bewohnerschaft in ihrer immer vielfältiger werdenden Gesamtheit zu ermitteln und in angemessener Form in die Aufgabenformulierung und den Planungsprozess einfließen zu lassen. Über die Ermittlung bürgerschaftlicher Interessen, Einstellungen und Bedürfnisse der Gegenwart hinaus sollte die mehrschichtige Aufgabe der Bürgermitwirkung vor allem darin bestehen, mögliche Entwicklungsansätze der Planungsbüros aus dem kritischen Blickwinkel der aktuellen Interessen, Einstellungen und Bedürfnisse der Bürger zu reflektieren und beides einer Abwägung zu unterziehen, die in sich fair und widerspruchsfrei vollzogen werden konnte. So sollten auch eine Stärkung des sozialen Zusammenhalts und ein zukünftiges zivilgesellschaftliches Engagement angeregt werden. Wie, so die Leitfragen, können die Milieus in der Vahr, vor allem jene mit relativ neuem Migrationshintergrund, erreicht und in ein dauerhaftes Engagement für die zentralen Herausforderungen der Integrierten Stadtentwicklung eingebunden werden? Wie lässt sich die bestehende Vernetzung von lokalen zivilgesellschaftlichen Einrichtungen, Vereinen und Initiativen optimieren? Anhand dieser und ähnlicher Fragen und komplexen Herausforderungen wurde die nachfolgend skizzierte Bürgermitwirkung zielgerichtet konzipiert und durchgeführt.

**Die Prozessarchitektur**
1. Die vhw Milieuanalysen
Mit den mikrogeographischen Instrumenten der Milieuforschung wurden zu Beginn die Milieus ermittelt, die im Stadtteil leben und in ihrer Zusammensetzung die Quartiersbevölkerung als Ganzes ausmachen. Wie die Milieuanalyse deutlich zeigen konnte, ist in der Vahr gegenwärtig ein klassischer Generationenwechsel im Gange, wie er häufig in Quartieren zu finden ist, die zu einer bestimmten Zeit zum ersten Mal bezogen wurden. So gibt es eine recht große Gruppe von älteren, traditionell orientierten Bewohnern mit und ohne Migrationshintergrund, die teilweise schon seit vielen Jahren dort leben. Und es gibt eine wachsende Anzahl von jüngeren, hedonistischen, kreativen und auch bürgerlichen Einwohnern mit und ohne Migrationshintergrund, die teilweise erst in der jüngeren Vergangenheit, im Zuge des beginnenden Generationenwechsels hinzugezogen sind. Anhand der Milieuanalysen ließ sich zudem erkennen, dass diejenigen Milieus in der Bewohnerschaft besonders stark vertreten sind, die sich nach aktuellen Forschungsergebnissen grundsätzlich schwer tun mit klassischen Formen der Bürgerbeteiligung – wie zum Beispiel abendlichen Sitzungen und langen, intensiven Diskussionsrunden. Sehr häufig sind dies jüngere, mitunter sozial schwächer gestellte Menschen, ebenfalls mit und ohne Migrationshintergrund, teilweise auch ältere Mitbürger. So wurden besondere Anstrengungen unternommen, um möglichst vielfältige Milieu- und Einwohnergruppen gleichermaßen für die Bürgermitwirkung zu gewinnen.

2. Die Befragung ausgewählter Experten
Mehrere Interviews mit ausgewählten lokalen Experten und zivilgesellschaftlichen Akteuren erbrachten ein grundlegendes lokales Expertenwissen über den Stadtteil und dessen städtebauliche sowie sozio-ökonomische Strukturen. Darüber hinaus ermöglichten die Gespräche den unmittelbaren Kontakt zu engagierten und aktiv handelnden Menschen vor Ort und erlaubten einen unverfälschten Einblick in deren Interessen und Einstellungen gegenüber den aktuellen Herausforderungen in der Vahr.

3. Ausgewählte Milieu- und Fokusgruppengespräche
Anhand der Milieuanalysen und vielfältigen Gesprächsergebnisse wurden fünf Fokusgruppen für vertiefende Untersuchungen ausgewählt. Diese Fokusgruppen wurden stellvertretend für bestimmte in der Vahr lebende Milieugruppen festgelegt und setzten sich aus jeweils etwa acht Bewohnern zusammen. Dem lag die theoretisch und empirisch begründete Annahme zugrunde, dass die in den Fokusgruppen jeweils artikulierten

Das Verfahren

Sichtweisen und Interessen in einer klassischen Bürgerbeteiligung oft außen vor blieben und daher zusätzlich noch in der vorliegenden Form erfasst und einbezogen werden sollten. Mit diesen Gruppen, darunter eine Gruppe Jugendlicher sowie mehrere Gruppen mit Vertretern jüngerer kreativer, bürgerlicher und hedonistischer Milieus, gleichermaßen mit und ohne Migrationshintergrund, wurden intensive, durch Leitfäden gestützte Gespräche von jeweils etwa zwei bis zweieinhalb Stunden Dauer durchgeführt. Gegenstand dieser Gruppengespräche waren die aus den jeweiligen subjektiven Sichtweisen resultierenden Einstellungen, Interessen und Bedürfnisse der Befragten zu aktuellen Handlungsbedarfen und Herausforderungen.

Ergänzend wurden mit ähnlicher Zielrichtung drei Workshops mit Mitarbeitern der GEWOBA geführt, die mit verschiedenen Aufgaben beruflich mit der Vahr befasst sind und über einen Fundus an lokalem Wissen verfügen. Allerdings müssen die Ergebnisse solcher Mitwirkungsformate nicht immer wegweisende neue Erkenntnisse in den lokalen Sachfragen erbringen, die auf Seiten der (lokalen) Experten nicht auch hätten erkannt werden können. Vielmehr sind es insbesondere die konkreten demokratischen Effekte, die aus einem „gefragt und gehört werden", „ernst genommen und geschätzt werden" und einem „konstruktiv beitragen können" resultieren und unter Gesichtspunkten der Vertrauensbildung, der Akzeptanz und der Legitimation von Stadtentwicklungspolitik von Bedeutung sind.

4. Die Analyse der zivilgesellschaftlichen Netzwerke
Eine einfache Netzwerkanalyse zu den institutionellen Landschaften der Kooperation und Kommunikation konnte aufzeigen, welche lokalen Institutionen (mit Zugang zu bestimmten Sozial- und Milieugruppen) als gut vernetzt gelten können und welche Einrichtungen, Initiativen oder Vereine in den Netzwerken als eher am Rande stehend oder nicht hinreichend eingebunden zu bewerten sind. Damit gestattete die Analyse die Formulierung von Empfehlungen zur Weiterentwicklung der Netzwerke und zur Stärkung der zukünftigen Zusammenarbeit zivilgesellschaftlicher Einrichtungen bei Fragen der Integrierten Stadtentwicklung. Erfreulich war vor allem die Erkenntnis, dass es sich um ein alteingesessenes, engmaschiges und sehr homogenes lokales Netzwerk mit einer weitreichenden sozialen Grundorientierung handelt, wie sich anhand von vielen, auf soziale Belange ausgerichteten Netzwerkpartnern

erkennen ließ. Allerdings ließen sich auch gewisse Grenzen im Bekanntheitsgrad dieses Netzwerkes außerhalb ihres Arbeitsbereiches konstatieren. Insbesondere die Institutionen der lokalen Bildungslandschaft, die Einrichtungen von und für Menschen mit Migrationshintergrund sowie die kaum vorhandenen lokalen Sportorganisationen zeigten vor diesem Hintergrund Potenziale dafür, zukünftig noch intensiver als bisher angesprochen und in die vielschichtigen Entwicklungsbestrebungen vor Ort eingebunden zu werden.

5. Der Bürgerworkshop „Lass es Vahr werden!"
Mitwirkungsformate, die einer inklusiven, fair moderierten Beratschlagung verpflichtet sind, erreichen nicht nur jene, denen die Mitwirkung an einer klassischen Bürgerbeteiligung leicht fällt und die sich aktiv in öffentlichen Veranstaltungen einbringen wollen. Sie erreichen zudem – zumindest in Teilen – auch jene, denen diese Form öffentlicher Mitwirkung eher schwer fällt, oder die wenig Interesse an einer Bürgerbeteiligung zeigen. Vor diesem Hintergrund fand am 05. September 2017 im Bürgerzentrum Neue Vahr ein öffentlicher Auftaktworkshop statt. Die Bewohner waren eingeladen, sich mit der aktuellen Stadtteilentwicklung zu befassen und Kritik, Anregungen und Interessen frühzeitig in die Agenda des angehenden Planungsprozesses einzubringen.

Nachdem zunächst die bisher ermittelten Ergebnisse vorgestellt und mit den Bürgern diskutiert worden waren, bestand im Anschluss die Möglichkeit, sich in Arbeitsgruppen und in drei Gesprächsrunden zu den Themenschwerpunkten, „Einbindung und Erschließung", „Grün und Freiraum", „Nachbarschaften und Struktur" aktiv einzubringen und zu äußern. Die Kritiken, Anregungen und Ideen der Bürger wurden an thematischen Pinnwänden erfasst, in schriftlichen Berichten insbesondere für die Planungsbüros niedergelegt und ausgewertet sowie durch „graphic recording" während des Bürgerworkshops auch zeichnerisch protokolliert. Rund 70 Bewohner sind der Einladung gefolgt und haben sich über vier Stunden konzentriert und ausdauernd mit der zukünftigen Entwicklung der Vahr beschäftigt. Soweit ersichtlich, haben trotz des geringfügig erhöhten Altersdurchschnitts letztlich Menschen aus nahezu allen stadtgesellschaftlichen Kreisen, Altersgruppen und in der Vahr vertretenen interkulturellen Kontexten aktiv an diesem Workshop teilgenommen. Insbesondere

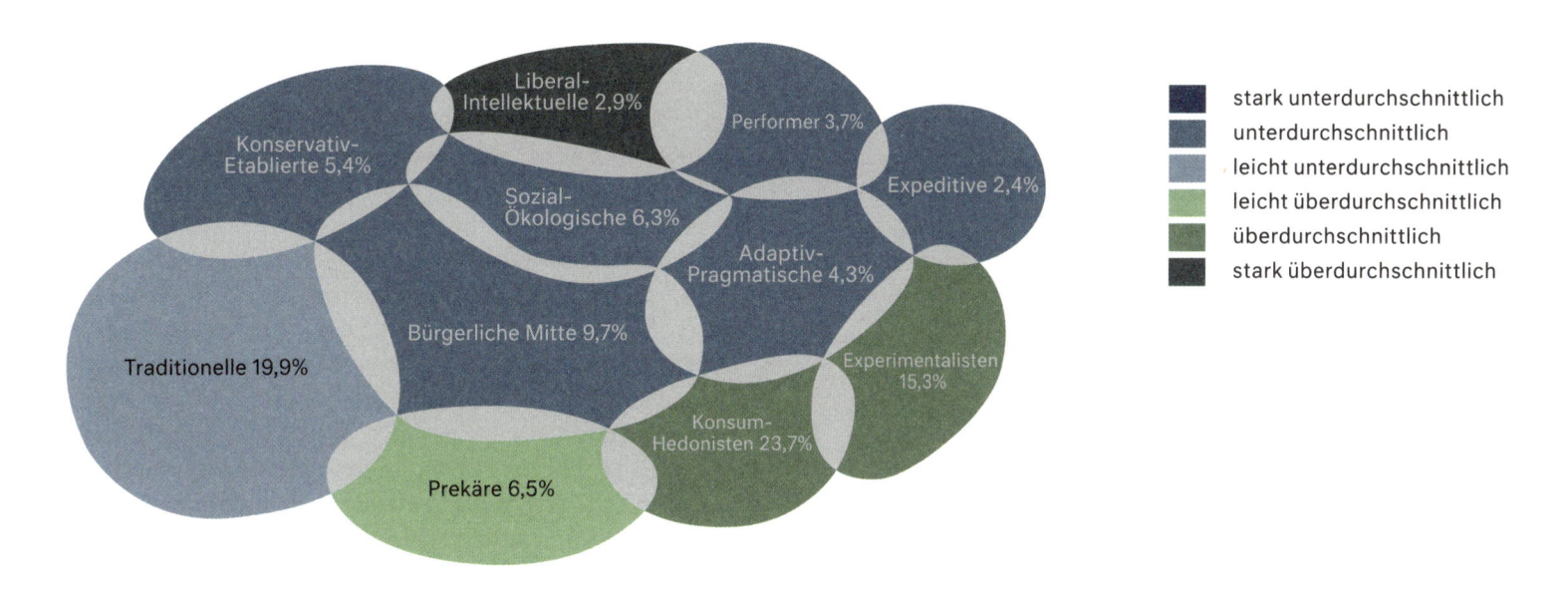

Die prozentuale Verteilung der Sinus-Milieus in der Vahr im Vergleich zur Stadt Bremen

Mitbürger aus jüngeren, oftmals sozial schwächer gestellten Milieus waren, neben denjenigen aus den eher traditionellen Milieus, vertreten.

**Die Bürgermitwirkung als Anknüpfungspunkt für die künftige Stadtentwicklung**

Die Ergebnisse aus den beschriebenen Formaten wurden für den weiteren Planungsprozess zur Diskussion gestellt. Ergänzend dazu wurde die Arbeit der Planer durch Mitwirkungsexpertisen und kritische Rückmeldungen aus der Sichtweise der Bürger zu den jeweiligen Zwischenständen im Planungsprozess unterstützt, die prozessbegleitend in die drei Workshops und in die fachöffentlichen Diskussionen eingespeist wurden. Die zusammengefassten Ergebnisse des Mitwirkungsverfahrens lassen sich mit vier thematischen Schwerpunkten skizzieren, die später mal mehr, mal weniger intensiven Eingang in die Diskussionen und Entwicklungsvorstellungen fanden. An erster Stelle zu nennen ist dabei das strittige Thema des Verkehrs, gefolgt von den Themen Städtebau und Wohnen, Infrastruktur sowie Grün- und Freiflächen. Das dominierende Thema des Verkehrs wurde von den Bürgern der Vahr wie kein anderes Thema in gegensätzlichen Positionen diskutiert. Auf der einen Seite wurden die Qualitäten der verkehrsgerechten Stadt positiv hervorgehoben, so zum Beispiel die hervorragende Anbindung an das übergeordnete Straßennetz und die gute stadtweite Erreichbarkeit sowie deren Hemmnisse kritisiert, wie zum Beispiel störende Ampel- und Stauphasen sowie das mangelnde Parkraumangebot.

Auf der anderen Seite wurden vielfach auch die wachsende Flächendominanz des motorisierten Individualverkehrs und dessen stadträumliche Barrieren moniert. Zudem wurde die Förderung der e-Mobilität und des Carsharings angeregt sowie Verbesserungen im Liniennetz und in der Taktfrequenz des Öffentlichen Personennahverkehrs nachgefragt. Darüber hinaus wurde häufig auf die dringenden Sanierungsbedarfe für Fahrradwege hingewiesen und der Wunsch nach einem weiteren Ausbau des Radwegenetzes und der Radverkehrs-Infrastruktur artikuliert. Das Thema Städtebau und Wohnen war geprägt durch die Ambivalenz zwischen dem Wunsch nach neuen, bezahlbaren und vor allem familiengerechten Wohnangeboten in moderatem Umfang (auch als Wohneigentum) auf der einen Seite und der oftmals geäußerten Ablehnung einer signifikanten Nachverdichtung der Vahr auf der anderen Seite. Weitge-

Das Verfahren

Graphic Recording zur Visualisierung der
Diskussionsthemen des ersten Bürgerworkshops

hende Einigkeit bestand in den Auffassungen der Bürger beim Thema der sozialen Infrastruktur: Hier wurde einhellig die schnelle Beseitigung der Infrastruktur- und Betreuungsdefizite angemahnt, insbesondere bezogen auf die Kindertagesstätten und auch die weitgehend fehlenden Sportangebote. Die Grün- und Freiflächen wie auch die Wasserflächen werden von den Einwohnern als eine der wichtigsten Qualitäten der Vahr erachtet und wertgeschätzt. Sie bedürfen allerdings, so die Aussagen der Bürger, aufgrund des viele Jahre ungebremsten Pflanzenwachstums und aufgrund von Verschmutzungen der Umwelt, zum Beispiel durch illegale Müllentsorgung, einer intensiven Landschaftspflege. Auch wurde angeregt, den Erholungswert der Freiflächen herauszuarbeiten und neue Spielplätze sowie Sitz- und Aufenthaltsmöglichkeiten zu schaffen. Für die Arbeit der Planungsbüros lassen sich nach Reflexion dieser Anregungen und im Lichte der Milieuforschung folgende Ableitungen vornehmen:

1. Die Milieus in der Vahr sind grundsätzlich als eher bodenständig einzuschätzen und gehören nicht unbedingt zu jenen Milieus, die sich einem schnellen, radikalen Wandel gegenüber aufgeschlossen zeigen. Das legt eine gewisse Behutsamkeit nahe, wenn es um Fragen der Neuausrichtung der Stadtentwicklung geht, besonders bei Fragen des Individualverkehrs oder der Digitalisierung. Eine Schlüsselposition kommt bei innovativen Vorhaben dem Stadtteilzentrum um das Aalto-Hochhaus und das Einkaufszentrum Berliner Freiheit zu, mit seiner eher jüngeren, kreativen Bewohnerschaft.

2. Der Autoverkehr stellt auch in der Vahr das dominante Verkehrsmittel dar. Der Rückbau des motorisierten Individualverkehrs sollte daher gemäß überwiegendem Bürgerwunsch auf innere Optimierung der Verkehrsflächen und nur bedingt auf (behutsamen) Rückbau ausgerichtet sein und radikale Umbrüche vermeiden. Der Stärkung und Förderung alternativer Angebote (ÖPNV, Radverkehr, e-Mobilität …) steht jedoch – auch mit Blick auf einen langfristigen Wandel im städtischen Verkehrswesen – nichts im Wege.

3. Die Grün-, Frei- und Wasserflächen erfreuen sich außergewöhnlicher Beliebtheit und stellen ein zentrales Potenzial dar, das es nicht nur weiterhin sorgfältig zu pflegen gilt, sondern das auch in Aspekten der Landschaftsgestaltung, der Ökologie

und der Freiraumqualifizierung weiterentwickelt werden sollte. Urban Gardening stellt derzeit kein artikuliertes Bedürfnis der Bewohner dar. Es spricht allerdings nichts gegen experimentelle Angebote, vielleicht auch als Zwischennutzung.

4. Viele Bewohner der Vahr gehören nicht zu jenen Milieus, die sich einer digitalen Transformation gegenüber sehr aufgeschlossen zeigen oder als Pioniere der Digitalisierung gelten können. Der Prozess des digitalen Wandels sollte, will er erfolgreich sein, behutsam eingeleitet werden. Dabei spricht nichts gegen experimentelle Angebote. Sozialräumlich besonders geeignet erscheint hierbei das Zentrum der Vahr, mit eher jungen, kreativen, das heißt digital aufgeschlossenen Bewohnern.

5. Die widersprüchlichen Positionen gegenüber einer weiteren Innenentwicklung sind gekennzeichnet durch den Wunsch nach Angebotserweiterung, vor allem im Bereich des familiengerechten Wohnens sowie der Eigentumsbildung durch Modernisierung und vereinzelte Neubebauung auf der einen Seite und die Ablehnung einer Verdichtung der Wohnsiedlung durch Neubebauung auf der anderen Seite. Diese widersprüchlichen Positionen legen es nahe, einen künftigen Prozess der Innenentwicklung durch ergänzende Neubebauung behutsam und in einem moderaten, vornehmlich auf neue, bisher nicht vorhandene Qualitäten und die familienorientierte Nachfrage auszurichten.

**Die Rückspiegelung der Ergebnisse**
Von größter Wichtigkeit in einem Planungs- und Mitwirkungsprozess ist neben der Einspeisung der Ergebnisse in den repräsentativ-politischen Kontext einer Stadt sowie in deren Strukturen und Prozesse auch die Selbstverpflichtung der Initiatoren, den Bürgern eine nachvollziehbare, gut begründete Rückmeldung über die letztendlichen Ergebnisse eines Planungsprozesses und den weiteren Umgang damit zu gewähren. Dabei gilt es vor allem, die Übernahme von Ideen, Anregungen und Bedenken der Bürger in die Zukunftsplanungen ebenso zu begründen, wie die gegebenfalls für erforderlich erachteten Abweichungen davon. Diese Rückspiegelung erfolgte in einem abendlichen Bürgerworkshop am 28. Mai 2018. Sie bildete zugleich den Abschluss des Prozesses und den Einstieg in eine weitere Stufe der Beteiligung anhand konkreter Projektentwicklungen.

Plakat zum 2. Bürgerworkshop – der Name des Verfahrens wurde von „Vahr 2030" in „Vahr 2035" geändert, um die Einbindung in den Prozess „Zukunft Bremen 2035" zu verdeutlichen und eine bessere zeitliche Umsetzungsperspektive zu erreichen.

Blick auf den Bestand

# Bilder der Neuen Vahr

Fotografien von Frank-Heinrich Müller

In der Neuen Vahr gibt es – bezogen auf die Gebäude und Wohnungsangebote – wirklich eine Vielfalt. Unterschiedliche Hochhäuser, unterschiedliche Zeilen, unterschiedliche Adressen, unterschiedliche Bezüge zum öffentlichen Raum bis hin zu einer Kombination mit privaten kleinen Reihenhäusern. Wenn man das aufzählt, ist das im Grunde genommen das typologische Spektrum für das Wohnen in der großen Stadt. Das bietet die Chance einer guten Mischung.

Aalto-Hochhaus
an der Berliner Freiheit
Architekt: Alvar Aalto

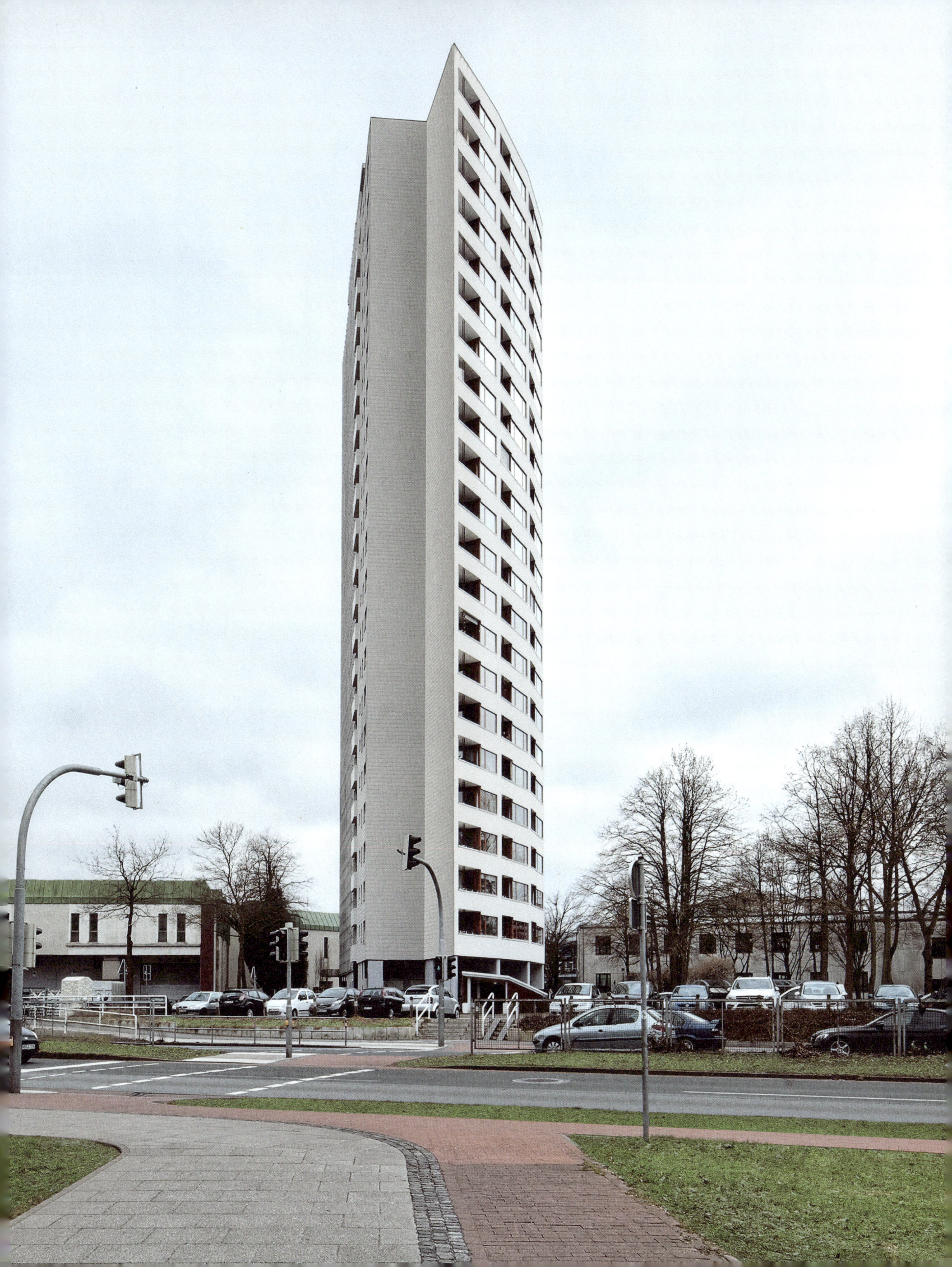

Blick auf den Bestand

Dreigeschossiges Wohnhaus
an der Eduard-Bernstein-Straße
Architekten: Max Säume und
Günther Hafemann

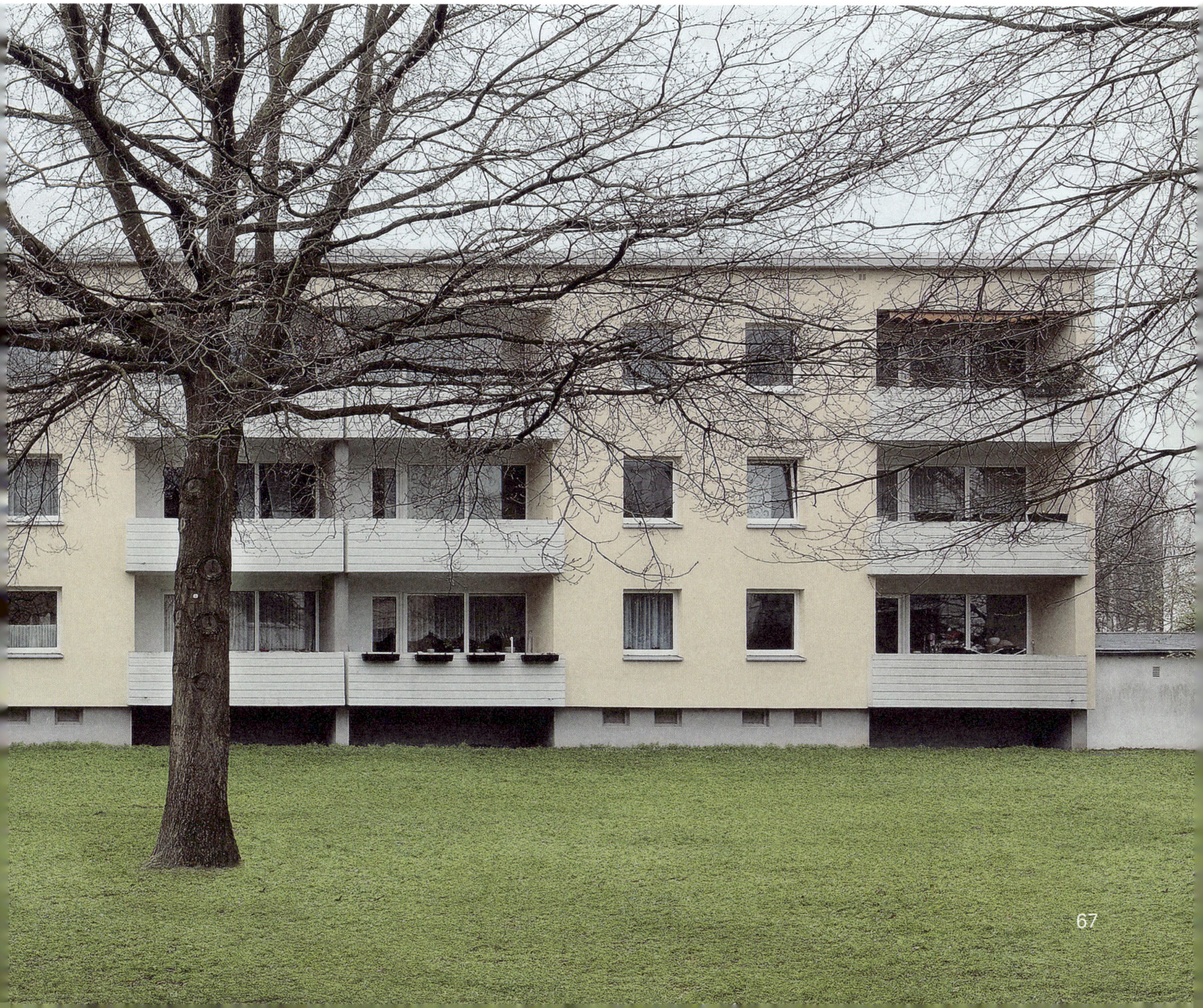

Viergeschossige Wohnhäuser
an der Carl-Severing-Straße
Architekten: Max Säume und
Günther Hafemann

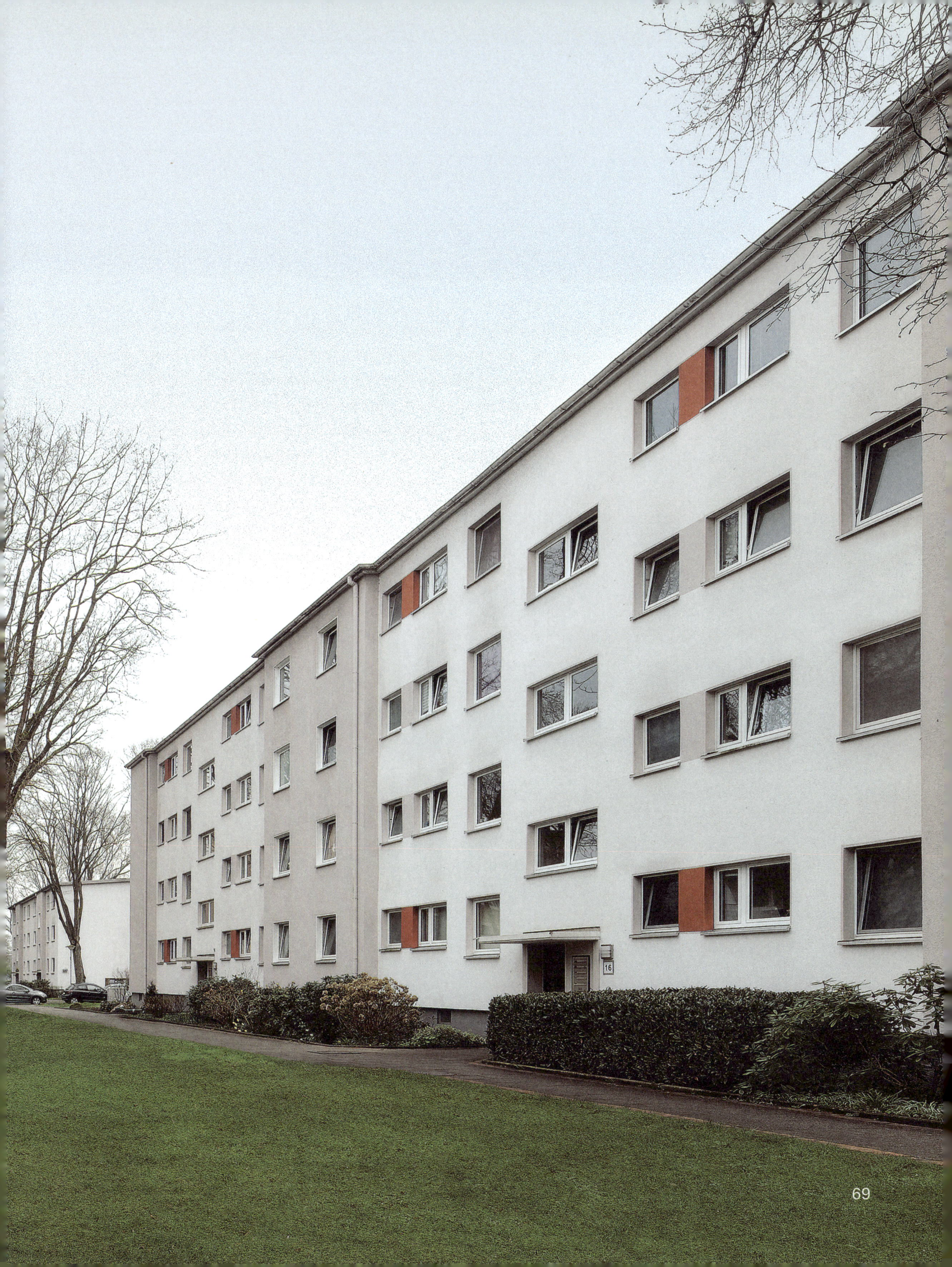
16

Blick auf den Bestand

Fünfgeschossiges Wohnhaus
an der Eduard-Bernstein-Straße
Architekt: Ernst May

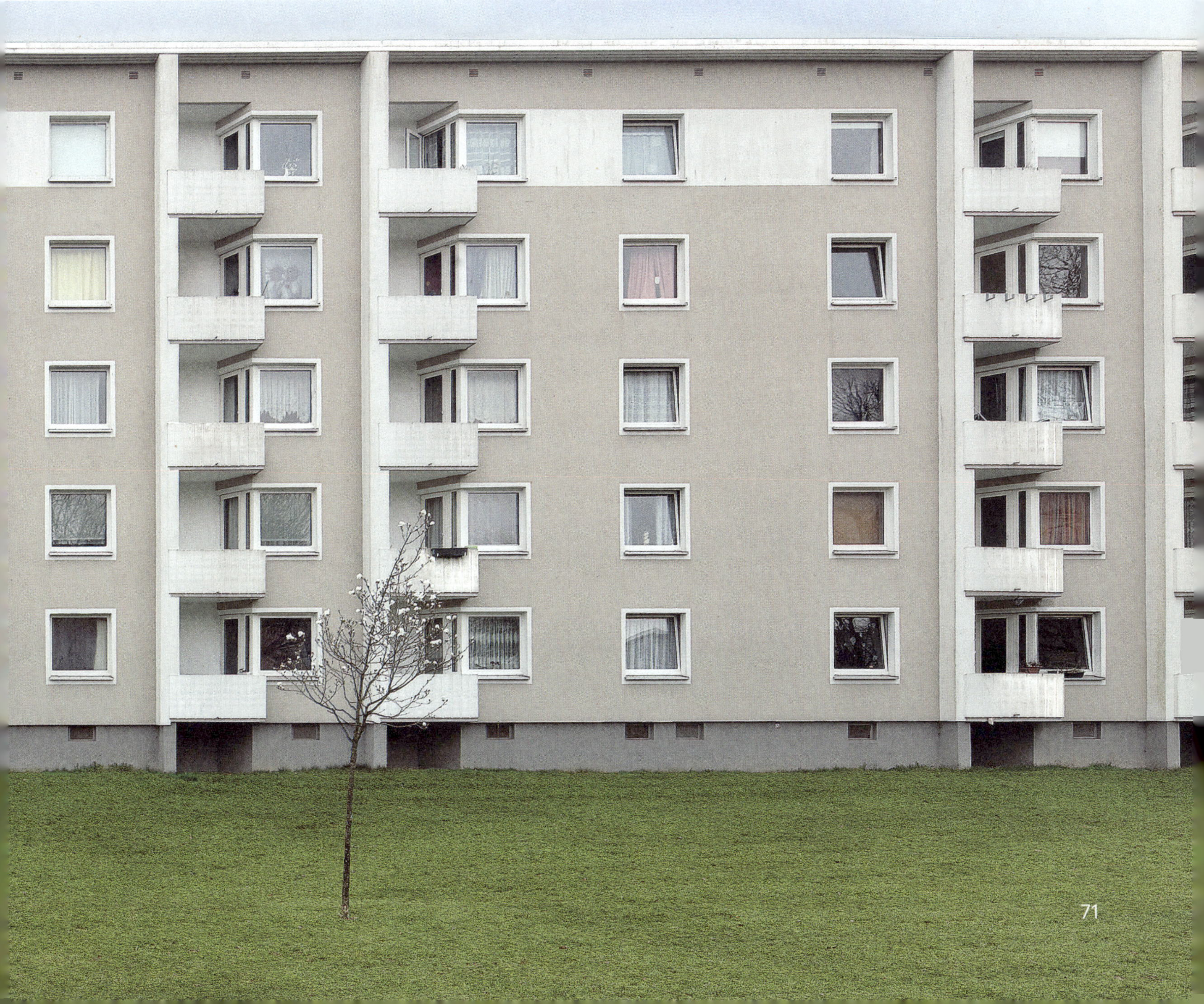

Hochhaus und fünfgeschossiges
Wohnhaus an der
Geschwister-Scholl-Straße
Architekten: Max Säume und
Günther Hafemann

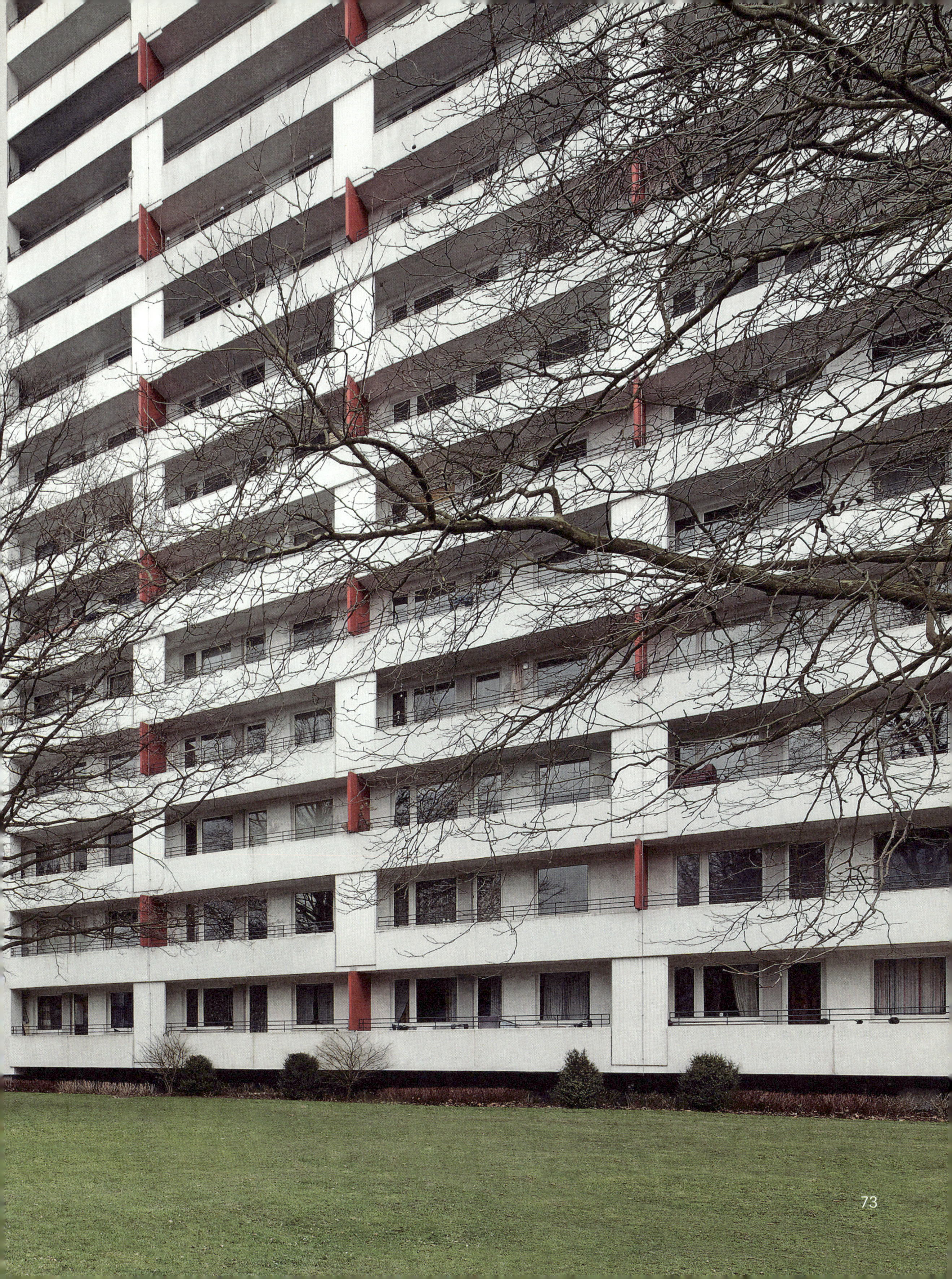

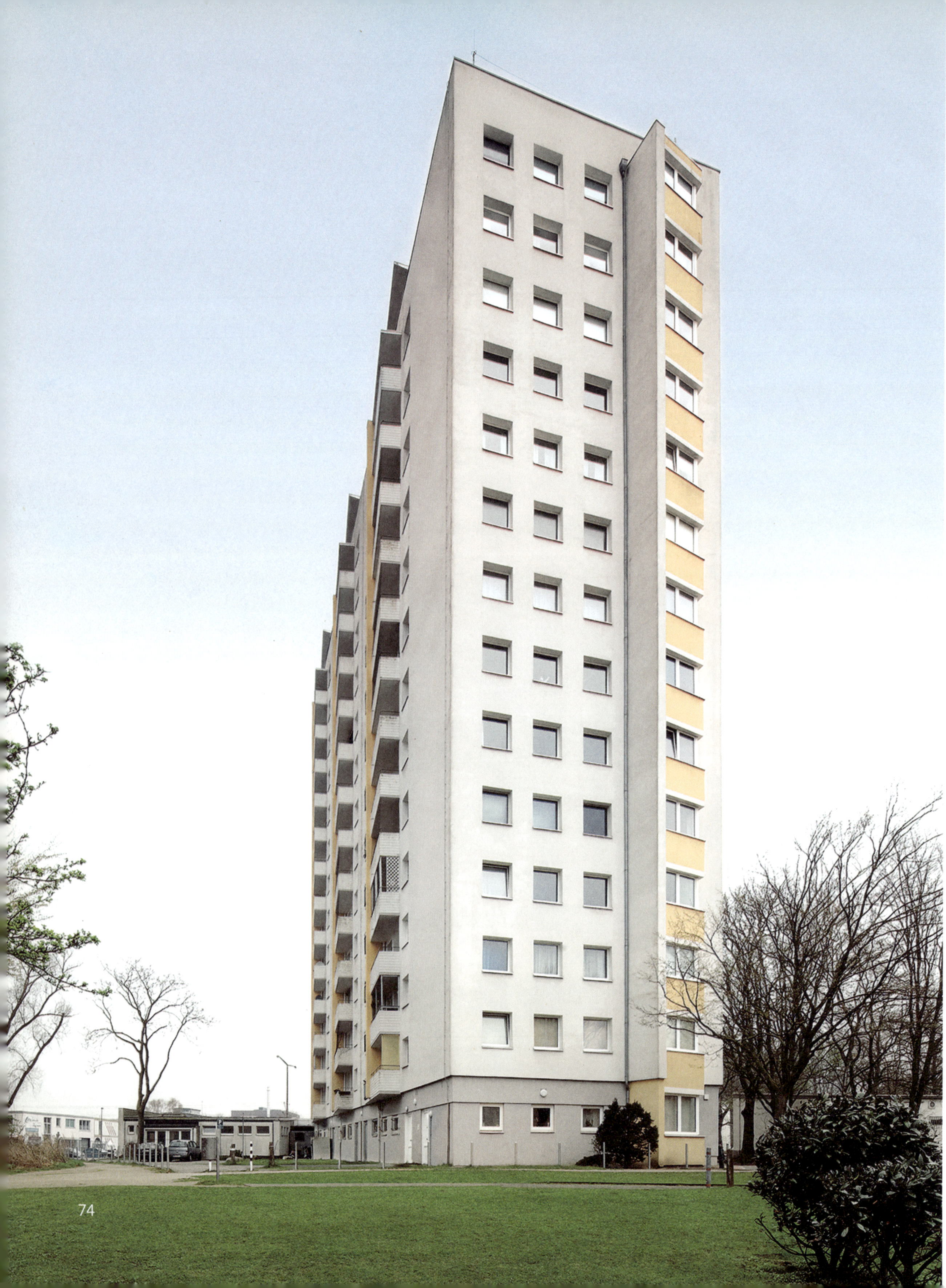

Links: Hochhaus an
der Kurt-Schumacher-Allee
Architekt: Ernst May

Reihenhäuser an der
Dietrich-Bonnhoeffer-Straße
Architekt: Wolfgang Bilau

Blick auf den Bestand

„Stelzenhaus" an der
Bürgermeister-Reuter-Straße
Architekt: Ernst May

„Schlangenhaus" an
der Kurt-Schumacher-Allee
Architekten: Max Säume
und Günther Hafemann

# Die Ergebnisse des Verfahrens

Die Ergebnisse

# Zukunftsbilder für die Neue Vahr

Vanessa Miriam Carlow, Dirk Christiansen, Konrad Rothfuchs, Christian Scheler

In der Überlagerung der drei Strategien Mobile Stadt, Blau-Grüne Stadt und Stadt für Alle entsteht ein integriertes Entwicklungskonzept und eine Zukunftsvision für die Neue Vahr. Diese sind, in der Fortschreibung der Urkonzeption, geeignet, gegenwärtigen und zukünftigen Herausforderungen zu begegnen.

Die Neue Vahr war als Stadt der Zukunft konzipiert. Wie wird aus der Stadt der Zukunft von gestern die Stadt der Zukunft von morgen? Grundlage für die Erarbeitung des städtebaulichen Leitbilds bildete die Urkonzeption der Neuen Vahr und das Wissen um die Bedürfnisse heutiger Bewohner.

Prägend für die Neue Vahr sind heute das Netzwerk aus teils sehr breiten Straßen und eher nachbarschaftlich geprägten Wegen. Diese wurden sukzessive durch (nicht geplante) Alltagswege ergänzt. Genauso bedeutsam sind die großzügigen Grün- und Freiräume mit einem System aus offenen Wasserflächen und Fleeten und das Gefüge unterschiedlicher Nachbarschaften – verbunden durch die Grün- und Freiräume, Straßen und ein Netz öffentlicher und öffentlich zugänglicher Einrichtungen, wiederkehrender Bautypen und selbstähnlicher Stadträume und Raumsequenzen.

Diese Grundstruktur bildet die Grundlage für die Betrachtung der Neuen Vahr entlang der drei Themen: Mobile Stadt, Blau-Grüne Stadt und Stadt für Alle. Die drei Themen greifen in einander, bedingen sich und stärken einander.

Die **Mobile Stadt** adressiert dabei die Erreichbarkeit der Vahr im gesamtstädtischen Kontext Bremens und verbessert ihre Anbindung, sucht nach Wegen, die graue Infrastruktur langfristig zu optimieren, fördert eine nachhaltigere Mobilität und zeigt Lösungen für eine langfristige Transformation des Verkehrs.

Die **Blau-Grüne Stadt** aktiviert Grün- und Freiflächen für die Bewohner, macht Wasserlagen und Parklandschaften erlebbar, adressiert lokales Regenwassermanagement, ermöglicht Bewegung, fördert Gesundheit und schafft schöne, ökologisch vielfältige Orte.

Die **Stadt für Alle** begegnet den Herausforderungen des demografischen Wandels und der Diversifizierung von Lebensstilen, bietet Lösungen für mehr Barrierefreiheit, fördert das Zusammenleben und Interkultur, sucht nach mehr Wohnraum und neuen Wohnformen, identifiziert Orte der Arbeit, verbessert die Versorgung und ermöglicht der Vahrer Bewohnerschaft so, lange in ihren angestammten Quartieren zu bleiben.

In der Überlagerung der drei Strategien entsteht ein integriertes Entwicklungskonzept und eine Zukunftsvision für die Neue Vahr. Diese sind, in der Fortschreibung der Urkonzeption geeignet, gegenwärtigen und zukünftigen Herausforderungen zu begegnen. Das vorgefundene räumliche Konstrukt, die architektonischen und freiräumlichen Qualitäten bilden dafür das Rückgrat.

So entsteht ein Bild für die Neue Vahr, das Orte gesamtstädtischer Bedeutung, wie die Eingänge zur Neuen Vahr und die Berliner Freiheit rund um das Aalto-Hochhaus ebenso in den Blick nimmt wie neue Wohnformen, nachhaltige Mobilität und Barrierefreiheit, das die Aufenthaltsqualität im Freien stärkt, das nachbarschaftliche Wohnumfeld aufwertet und die Versorgung mit sozialer Infrastruktur verbessert.

Die Ergebnisse

# Übersichtsplan

Rhododendron Park

Universität Bremen

Gartenstadt Vahr/Östliche Vorstadt/
Innenstadt

Oberneuland/
Fischerhuder Wümmeniederung

Klinikum-Bremen-Ost
Friedhof Osterholz

Rennbahn

Mercedes Werk Bremen

Die Ergebnisse

# Mobile Stadt

Konrad Rothfuchs, Christian Scheler / ARGUS, Hamburg

Ziel des Zukunftsbildes ist dabei nicht, die Neue Vahr in ihrer Grundkonzeption zu verändern, sondern vielmehr mit gezielten Anpassungen und Weiterentwicklungen die erfolgreiche Struktur für die Zukunft fit zu machen.

Die Neue Vahr wurde als autogerechte Stadt geplant und angelegt. Im Rahmen des geplanten langfristigen Transformationsprozesses gilt es daher besonders, die verkehrlichen Aspekte und die hieraus resultierenden Herausforderungen wahrzunehmen und die hierdurch entstandenen Chancen gezielt zu fördern. Ziel des Zukunftsbildes ist dabei nicht, die Neue Vahr in ihrer Grundkonzeption zu verändern, sondern vielmehr mit gezielten Anpassungen und Weiterentwicklungen die erfolgreiche Struktur für die Zukunft fit zu machen. Aus der Analyse aktueller Trendentwicklungen sowie der spezifischen Gegebenheiten in der Neuen Vahr haben sich folgende Herausforderungen für die weitere Bearbeitung ergeben. Diese Herausforderungen sind zwar essentiell für die Mobilität und Verkehrsinfrastruktur, können aber nur durch Anpassungsprozesse aus einer interdisziplinären Zusammenarbeit bewältigt werden. Die Neue Vahr muss

— aufgrund des bevorstehenden Generationswechsels auch zunehmend jüngere Zielgruppen ansprechen.

— sich zugleich auf die Bedürfnisse einer alternden Gesellschaft einstellen. Dies umfasst neben baulichen Anpassungen für die Barrierefreiheit vor allem auch funktionale und systemische Aspekte, wie die Programmierung der Nahversorgung und Angebotsqualität des ÖPNV.

— Möglichkeitsräume für veränderte Lebens- und Arbeitsmodelle schaffen.

— robuste Strukturen schaffen, in denen technische Innovationen im Verkehr oder beim Einkaufsverhalten stattfinden können (Wegenetze, Logistikstrukturen, Management und Prozess von grauer Infrastruktur).

— Raum für neue Mobilitätsangebote schaffen – von der Mobilitätsstation bis zur Fahrradabstellanlage im Quartier.

— als Prozess gedacht werden. Nur eine Adaptionsfähigkeit und eine Nutzerorientierung erhält die hohe Zufriedenheit und Verbundenheit mit dem Quartier.

Die folgenden methodischen Ansätze sollen es ermöglichen, die Historie des Stadtteils behutsam und dennoch innovativ fortzuschreiben: Verbesserung der äußeren Anbindung; Update der bestehenden Infrastruktur; Neustrukturierung der inneren Erschließung; die Implementierung eines kleinteiligen und autonomen ÖPNV; die Bündelung von Mobilitätsangeboten an Mobilitätsstationen; Etablierung einer geeigneten Informations- und Kommunikationsstrategie.

Die räumlichen Schwerpunkte für diese Anpassungsprozesse sind sicherlich die Neustrukturierung des Wegenetzes sowie die Implementierung von Mobilitätstationen und Quartiersplätzen. Zum einen bewegen sich immer mehr jüngere Menschen nicht nur mit einem einzigen Verkehrsmittel, sondern wählen in Abhängigkeit von Weg und Zeit das passende Verkehrsmittel aus. Dies zeigen beispielsweise Befragungen, die im Kontext des Verkehrsentwicklungsplans Bremen aufgearbeitet wurden (SrV Bremen 2008). Neben den neuen Möglichkeiten der Digitalisierung tragen hierzu auch bestehende Angebote wie das gut ausgebaute Carsharing oder die Mobilitätsstationen „Mobil-Punkt" in Bremen bei. Und zum anderen haben ältere Bewohner immer kleinere Bewegungsradien, was die Notwendigkeit einer Neuprogrammierung des Wegenetzes und eine Aufwertung der Wege wünschenswert macht.

Diese auf den folgenden Seiten formulierten Ansätze sind kein Indiz für Planungsfehler oder offensichtliche Probleme in der Neuen Vahr. Vielmehr sollen sie dazu beitragen, dass in der Neuen Vahr auch die aktuellen Fragestellungen um die Mobilität der Zukunft und der guten Wege beantwortet werden: Wie gehen wir mit dem Phänomen der Trampelpfade und teils überholten Straßenquerschnitte um? Wie können neue Mobilitätsangebote im Quartier neu verankert werden? Welche Potenziale bietet die graue Infrastruktur für neue Bedürfnisse (neuen Wohnformen, Kitas und andere) im Quartier? Wie sieht die Logistik der Zukunft in Stadtquartieren aus?

Die Ergebnisse – Mobile Stadt

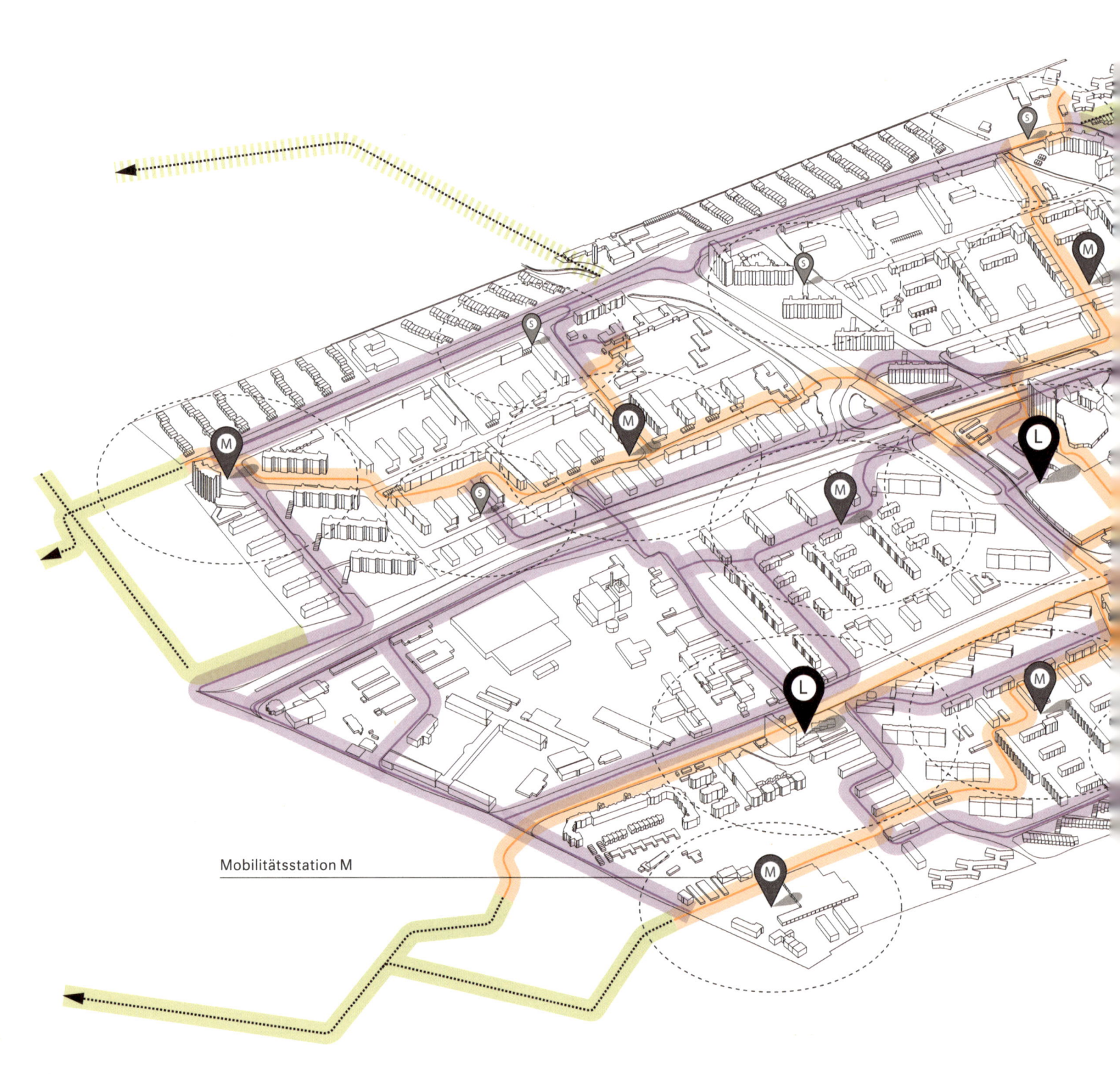

Mobilitätsstation M

Mobilitätsstation S

Mobilitätsstation L

Äußere Anbindung

Polyzentrisches Netz

Zentrisches Netz

87

Die Ergebnisse – Mobile Stadt

# Äußere Anbindung

Die Neue Vahr wird aus einer radialen Stadtwahrnehmung und mit Blick aus dem Stadtzentrum häufig als peripher wahrgenommenen. Ein Potenzial liegt jedoch in den bisher nur wenig betrachteten und gekannten tangentialen Verbindungen. So liegt die Vahr nur rund vier Kilometer von der Bremer Universität und nur drei Kilometer von dem für Bremen wichtigen Mercedes Benz Werk entfernt. Da diese Relationen kaum durch den ÖPNV abgedeckt werden, ist der Schwerpunkt hierbei allerdings im Radverkehr zu sehen. Durch den Ausbau der Infrastrukturen und die Kennzeichnung der entsprechenden Routen für den Radverkehr könnten diese Verbindungen gestärkt werden.

Es kann davon ausgegangen werden, dass neben der Reduktion des MIV-Aufkommens auf diesen Relationen diese so gestärkten Wegebeziehungen wiederum ein Motor für eine kleinteilige Entwicklung entlang dieser Strecken sind: von Einzelhandel bis zu akademisch orientiertem kleinteiligem Gewerbe wie Forschungseinrichtungen und so weiter.

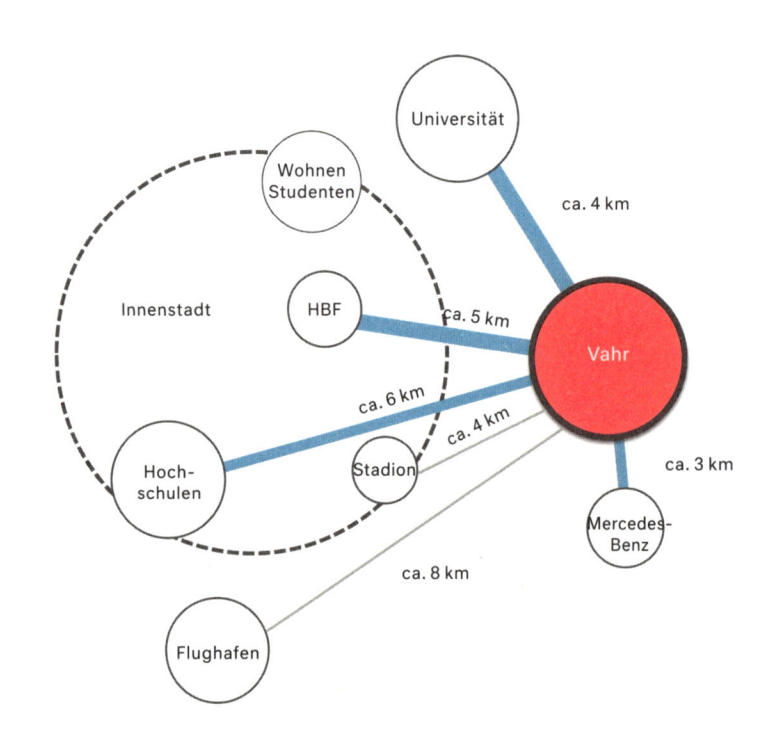

Äußere Erschließung durch den Radverkehr – Prinzipskizze zu Zielen und Distanzen in der Umgebung sowie der Bewertung der Fahrradaffinität dieser Relationen

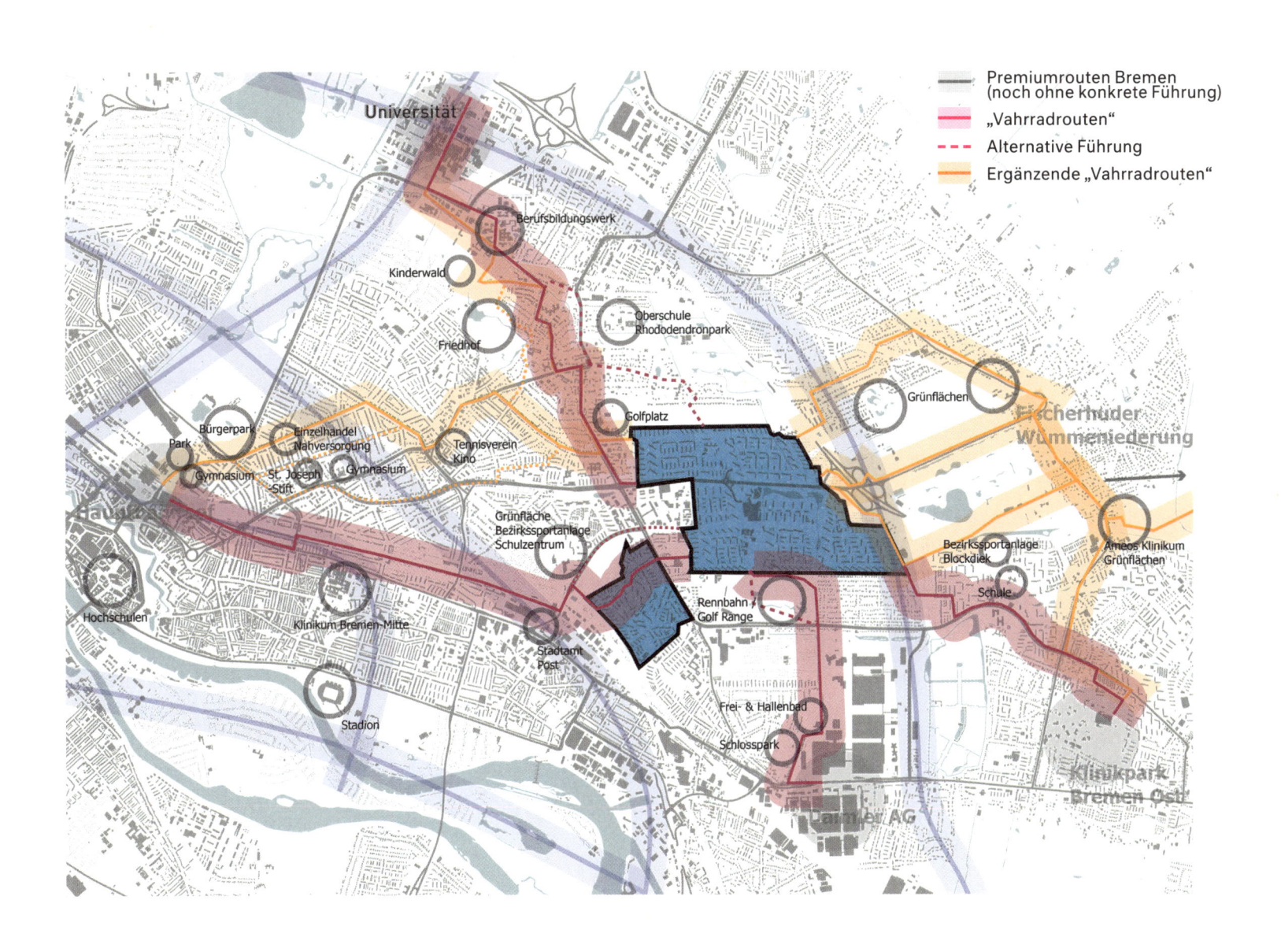

Routenvorschlag für ein hochwertiges
Fahrradroutennetz zur besseren tangentialen
Verknüpfung mit der Nachbarschaft

Die Ergebnisse – Mobile Stadt

# Update Infrastruktur

Die Neue Vahr ist als autogerechter Stadtteil erdacht und gebaut worden. Beispielsweise ist die Kurt-Schumacher-Allee mit zwei Fahrstreifen je Richtung deutlich überdimensioniert. (beispielsweise 7.000 bis 8.600 PKW/24 h auf der 4-spurigen Kurt-Schumacher-Allee) Durch eine Reduzierung auf einen Fahrstreifen je Richtung könnten den Nebenflächen neue Nutzungen zugeordnet werden. Dies würde auch die fußläufige Querung der Straßenbahnstrecke und der Fahrbahn erleichtern. Auch im Rückbau überdimensionierter Knotenpunkte im Zuge von zukünftig anstehenden Infrastrukturinstandsetzungen werden weitere große Potenziale gesehen. Besonders die Fläche um das Aalto-Hochhaus könnte so deutlich fußgängerfreundlicher umstrukturiert werden und gleichzeitig noch neue Gestaltungsspielräume für weitere Nutzungen anbieten. Darüber hinaus bilden die großzügig angelegten Parkplätze mittel- und langfristig weitere Potenziale für eine Weiterentwicklung des Areals.

Die so aufgedeckten Potenziale in der grauen Infrastruktur wurden als Impulse an die anderen Disziplinen benannt und kooperativ zu ersten räumlichen Skizzen weiterentwickelt.

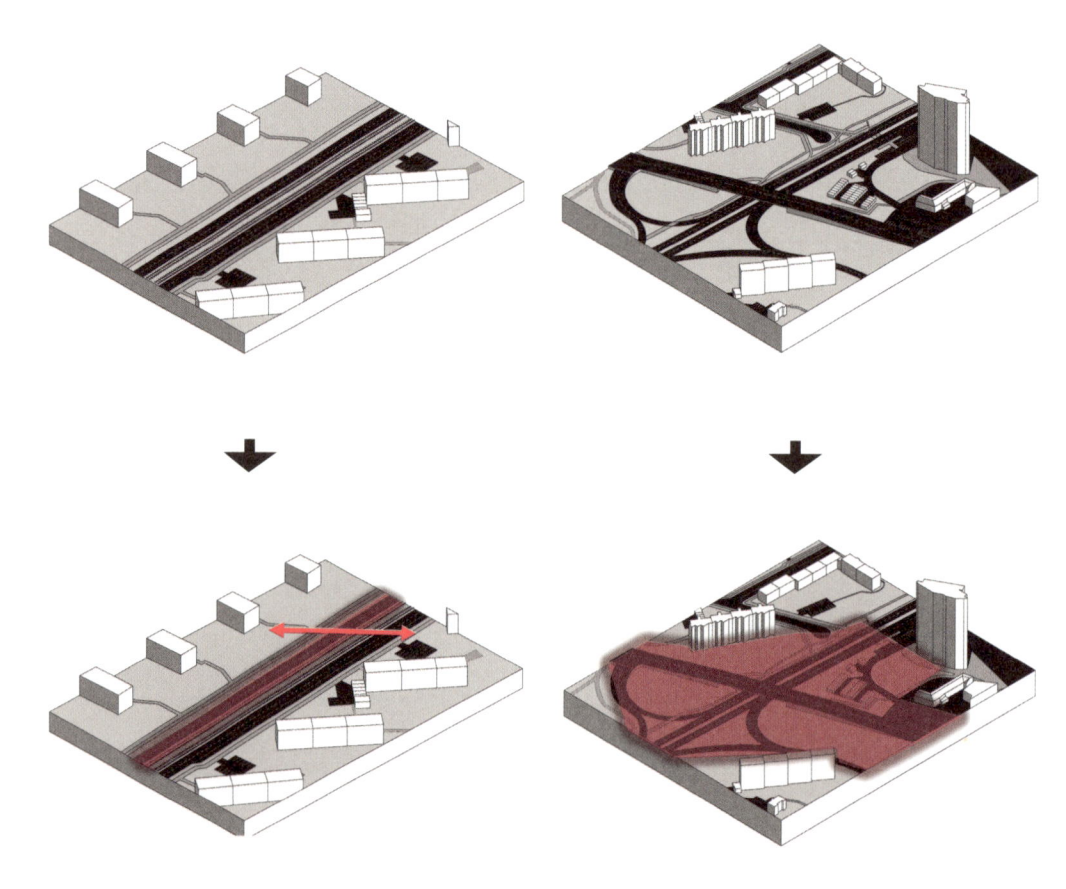

Kurt-Schumacher-Allee

Richard-Boljahn-Allee

Sollten sich die derzeitigen Trends in der Verkehrs- und Fahrzeugentwicklung fortsetzen, könnten Flächen für weitere Entwicklungen frei werden.

Folgende Flächen wurden in der „Neuen Vahr" identifiziert: graue Infrastruktur sowie kapazitätstechnisch nicht notwendige Fahrspuren.

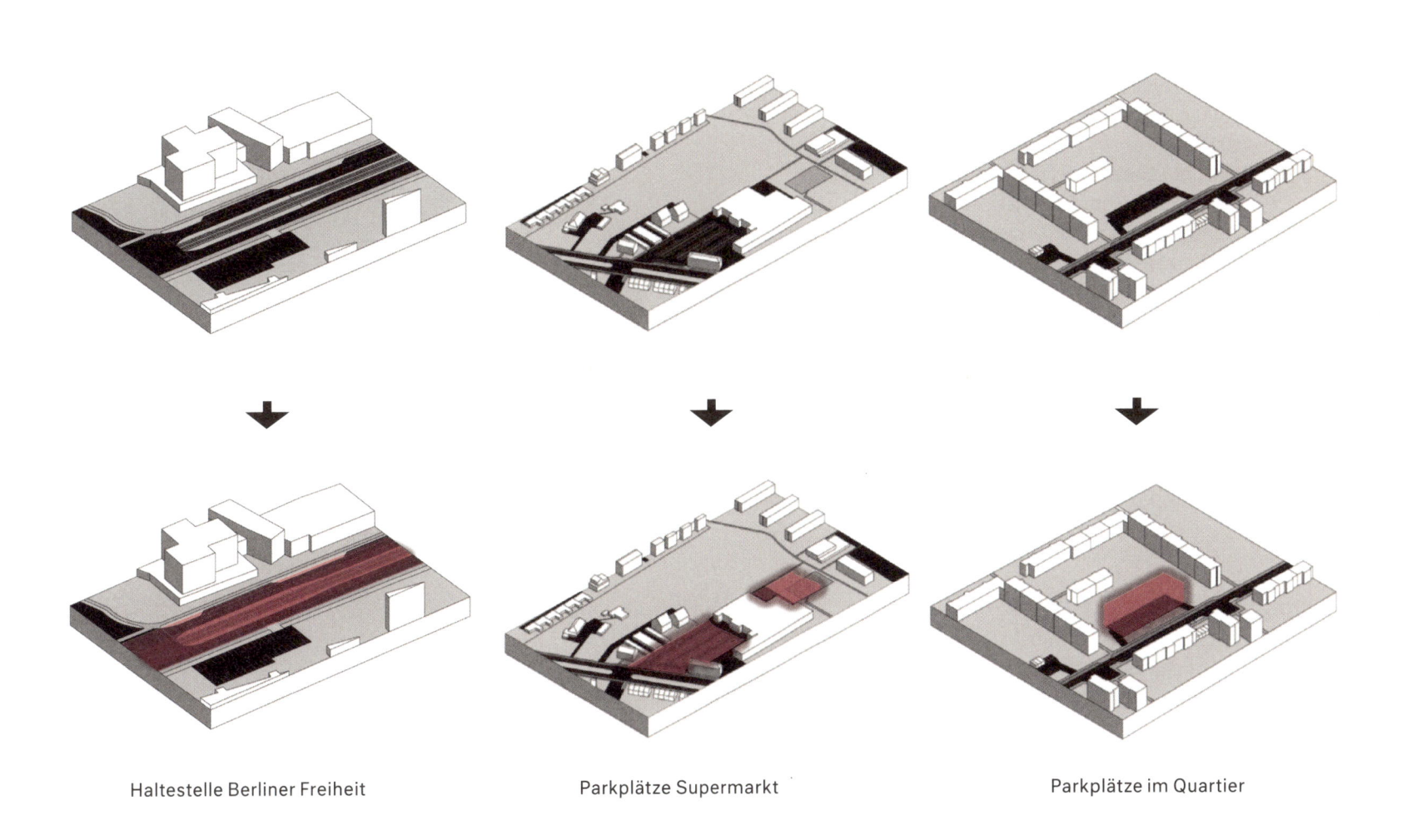

Haltestelle Berliner Freiheit              Parkplätze Supermarkt              Parkplätze im Quartier

Die Ergebnisse – Mobile Stadt

# Innere Erschließung

Dem aus dem Design entliehenen Prinzip des „UXD – user experienced design" beziehungsweise „nutzungsorientierter Gestaltung" folgend, wurde die Erfordernis gesehen, das Netz für den langsamen Verkehr (beispielsweise Radfahrer, Fußgänger oder MikroLogistik) neu zu strukturieren. Dieses Verfahren entspricht dem für den Kfz-Verkehr durch die FGSV (Forschungsgesellschaft für Straßen- und Verkehrswesen) in der „Richtlinie für integrierte Netzgestaltung (RIN)" vorgeschlagenen Verfahren.

**Beobachten**
- Verhalten qualitativ beobachten
- Wegebeziehungen | Trampelpfade kartieren

**Reflektieren**
- Beobachtungen über Wege | Verbindungs-Simulation verdichten
- Ableitungen treffen
- Verbindungen neu definieren

**Umsetzen**
- Netze skizzieren
- Konflikte aufzeigen
- Prototypen umsetzen

Prinzip User Experienced Design
als Blaupause für die Neuprogrammierung des Wegenetzes

Prinzipskizzen Neuprogrammierung
des Wegenetzes in der Neuen Vahr

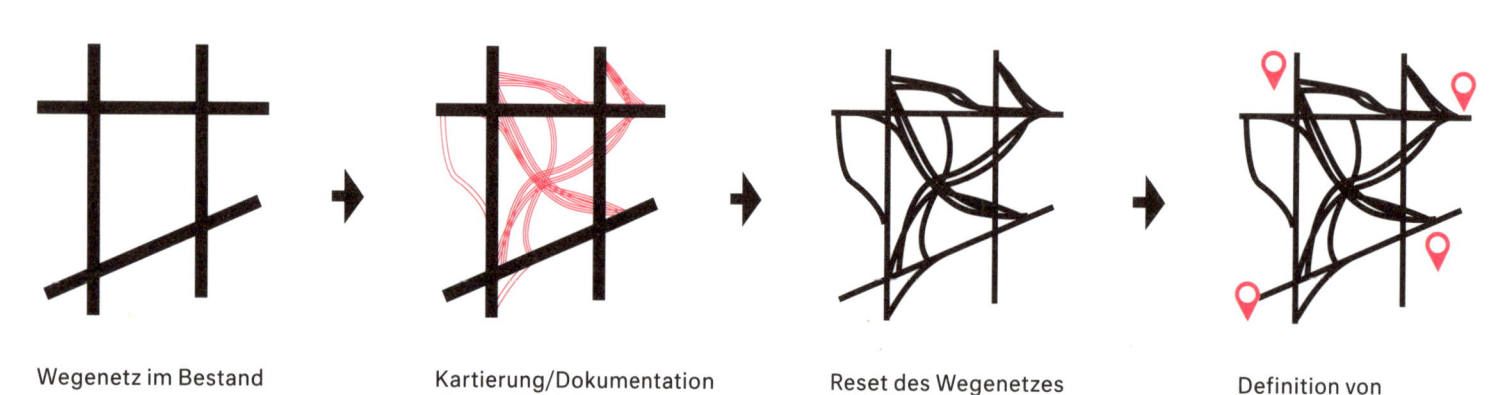

Wegenetz im Bestand → Kartierung/Dokumentation der tatsächlichen Nutzung → Reset des Wegenetzes → Definition von Start- und Zielpunkten

92

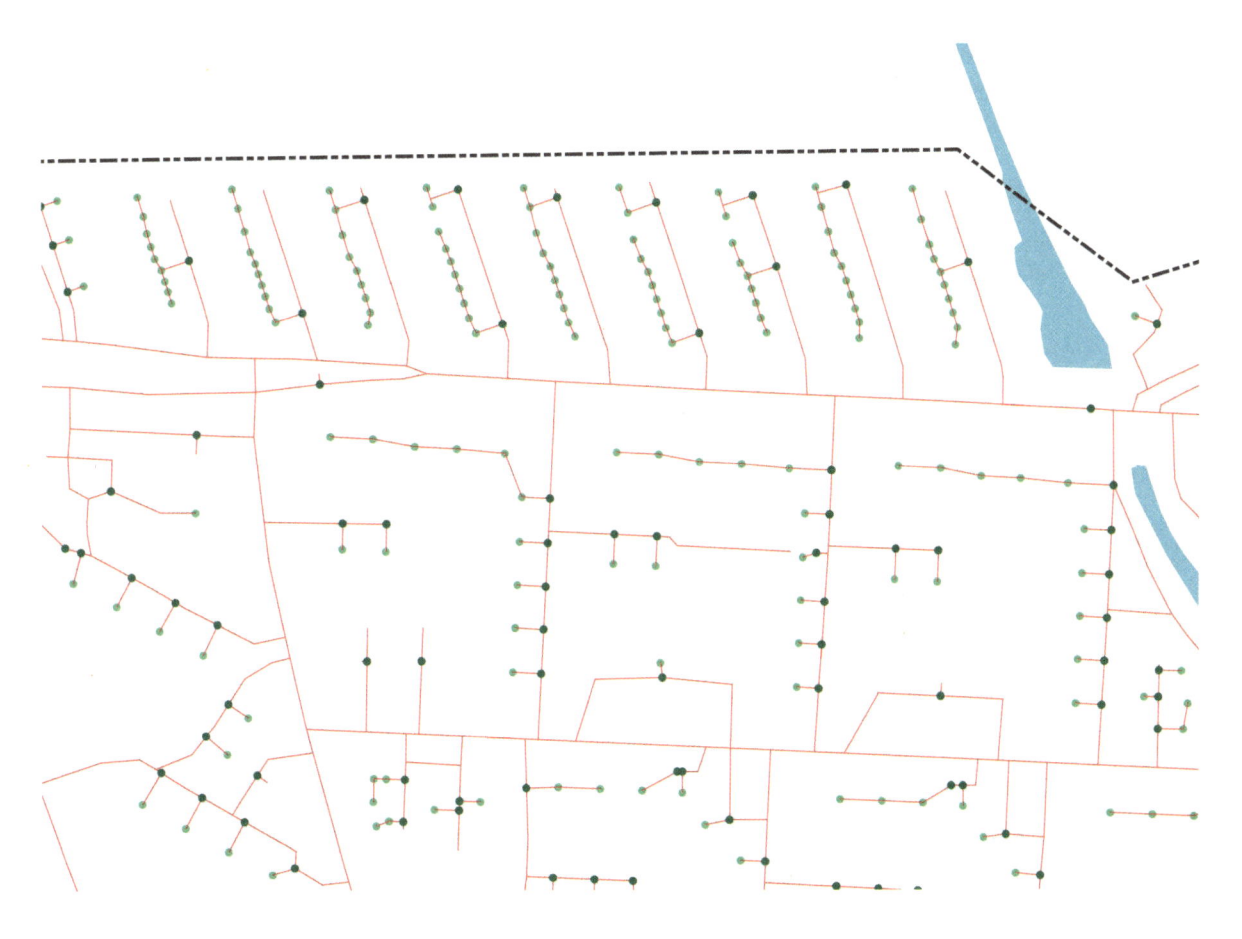

Prinzip User Experienced Design – Beobachten
Kartierung/Digitalisierung der Hauseingänge und Wege
als Grundlage für die Simulation/Modellierung

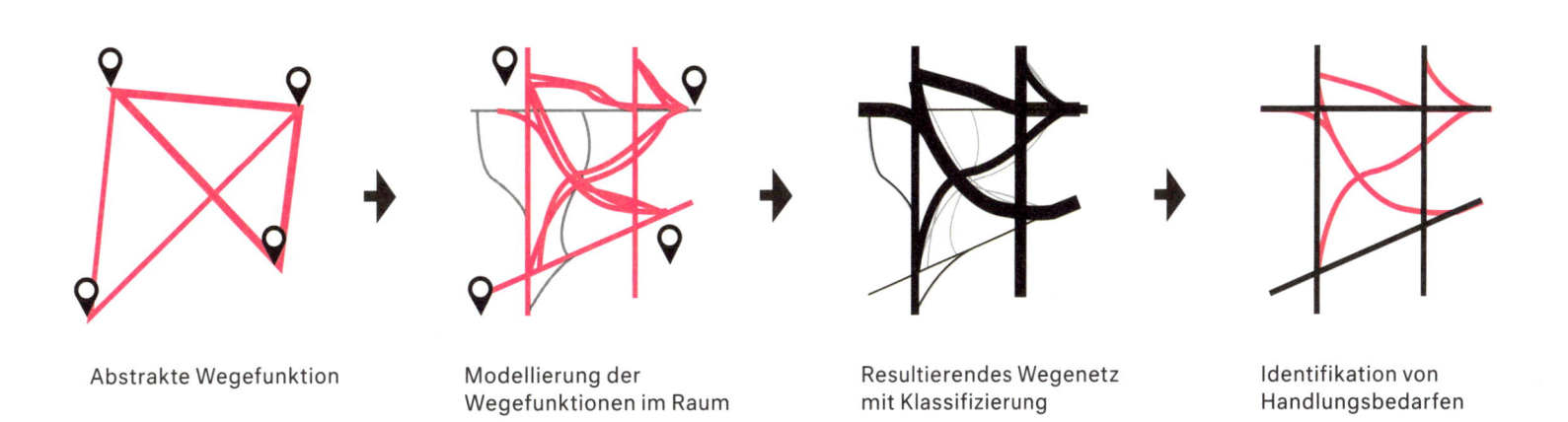

Abstrakte Wegefunktion → Modellierung der Wegefunktionen im Raum → Resultierendes Wegenetz mit Klassifizierung → Identifikation von Handlungsbedarfen

Die Ergebnisse – Mobile Stadt

1. Beobachten: In mehreren Begehungen wurden die Trampelpfade in der Neuen Vahr kartiert und digitalisiert. Die Trampelpfade wurden gleichwertig mit dem Bestandswegenetz zusammengefasst.

2. Reflektieren: Basierend auf diesem Wegenetz wurde eine Simulation/Modellierung der Wegebeziehungen zur Klassifizierung der Verbindungsqualität durchgeführt. Quellpunkte sind die Hauseingänge – Zielpunkte wurden entsprechend der üblichen Wegeradien unterteilt nach Rad- und Fußverkehr bestimmt (wie Nahversorgungszentren, Parkplätze und ÖV-Stationen).

3. Im Ergebnis entsteht ungeachtet der heutigen Wegebeschaffenheit eine Klassifizierung der Wege nach Häufigkeit der potenziellen Frequentierung sowie der Verbindungsfunktion zwischen den Zielpunkten. Wie die Abbildungen zeigen, wurden so teilweise Trampelpfade identifiziert, die eine Hauptverbindungsfunktion innehaben und folglich zur Weiterentwicklung empfohlen werden.

★ Stadtteilzentrum
● Supermarkt / Schule etc.
● Haltestellen / Anknüpfungen ins Umfeld etc.
— Straßennetz (Fußgängerverkehr)
— Funktionsstufe II
— Funktionsstufe III
— Funktionsstufe IV
— Funktionsstufe V
ohne Funktionsstufe

Prinzip User Experienced Design - Reflektieren

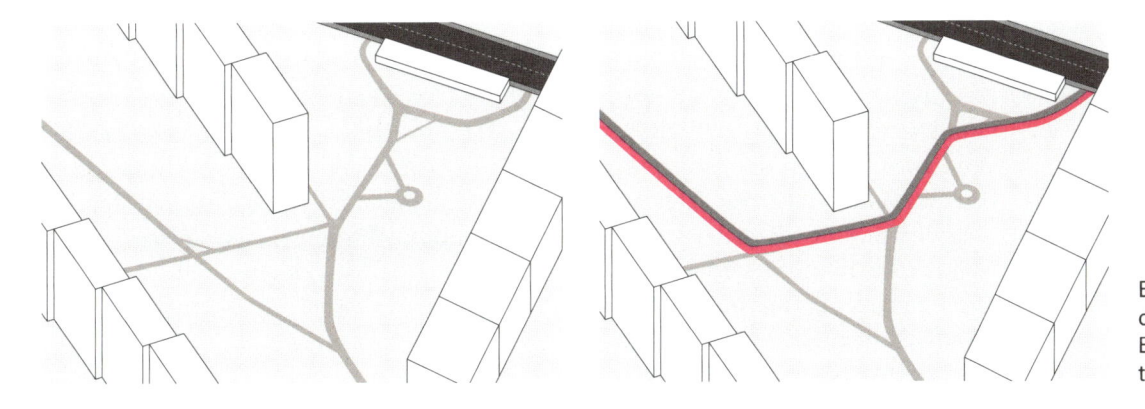

Beispielhafte Transformation des Wegenetzes unter Berücksichtigung des tatsächlichen Gebrauchs

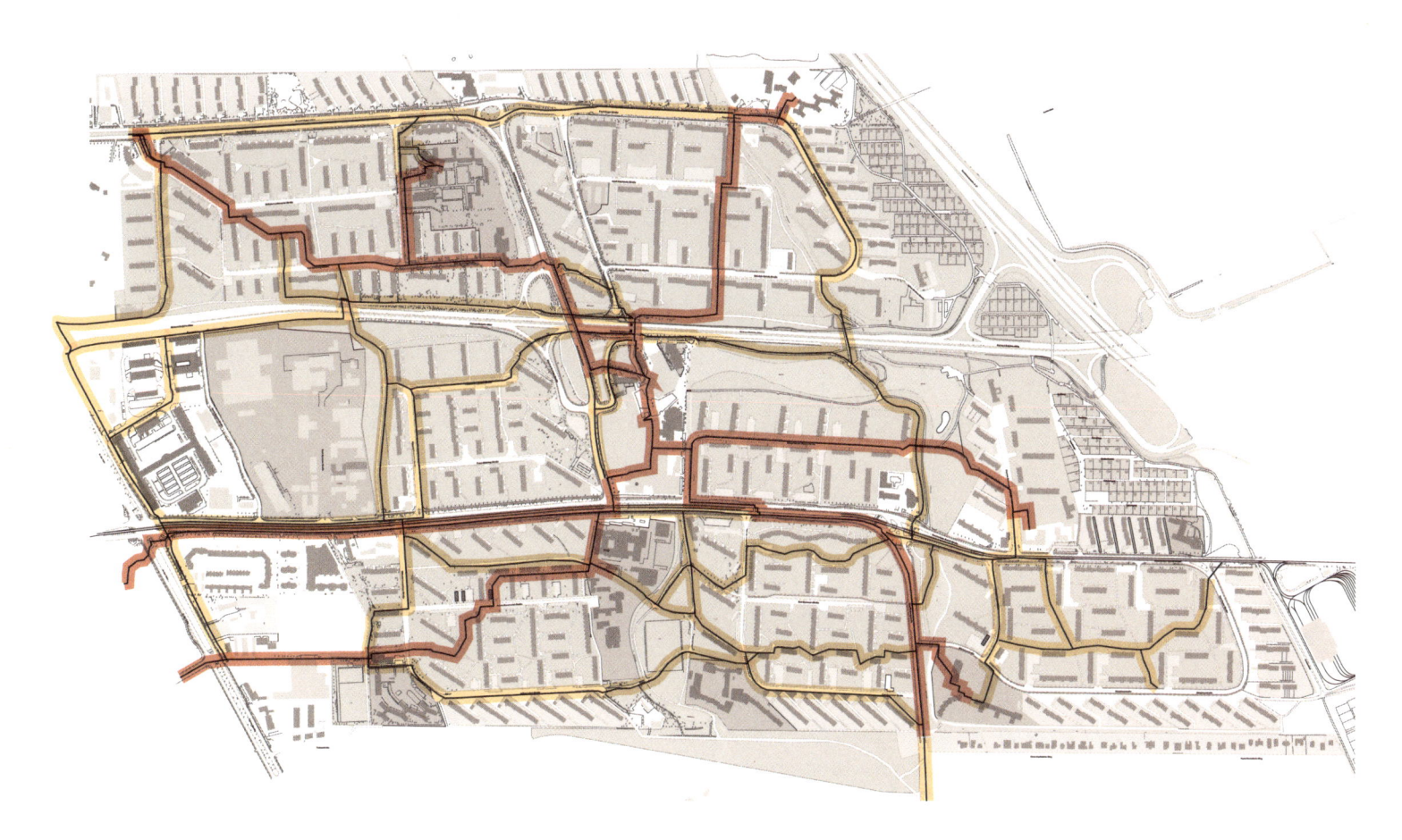

Darstellung der inneren Erschließung als zentrisches (rot) und polyzentrisches (gelb) Wegenetz

Die Ergebnisse – Mobile Stadt

# Autonomer ÖPNV

Die Neue Vahr ist gut durch eine radial verlaufende Straßenbahnlinie sowie eine Buslinie weiter nördlich an die Innenstadt angeschlossen. Durch die geringe Dichte des Quartiers und die entsprechend niedrige Verkehrsnachfrage ist eine Feinverteilung beziehungsweise die Bedienung der Nord-Süd-Relation durch einen liniengebundenen ÖPNV wirtschaftlich allerdings nur schwer zu realisieren. Gerade für ältere Bewohner stellen diese Strecken – mit Distanzen von bis zu einem Kilometer bis zum Stadtteilzentrum – eine große Herausforderung dar. Autonom und auf Abruf fahrende Busse können hier zukünftig Abhilfe schaffen. Die Implementierung eines solchen autonomen Shuttles in der Neuen Vahr bietet vor allem für eine älter werdende Gesellschaft die Chance, eine Teilnahme am sozialen Leben im Stadtteil auch langfristig zu erhalten. Dieser Shuttle soll auf den Quartiersstraßen im Mischverkehr mit dem Kfz-Verkehr, aber teilweise auch auf den eigenständigen, verbreiterten Radwegen geführt werden.

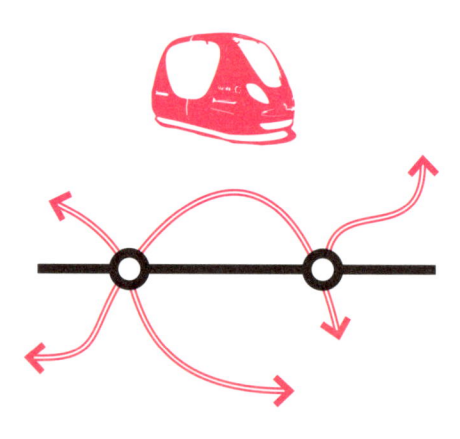

Funktion der Mobilitätsstation innerhalb einer fiktiven Wegekette

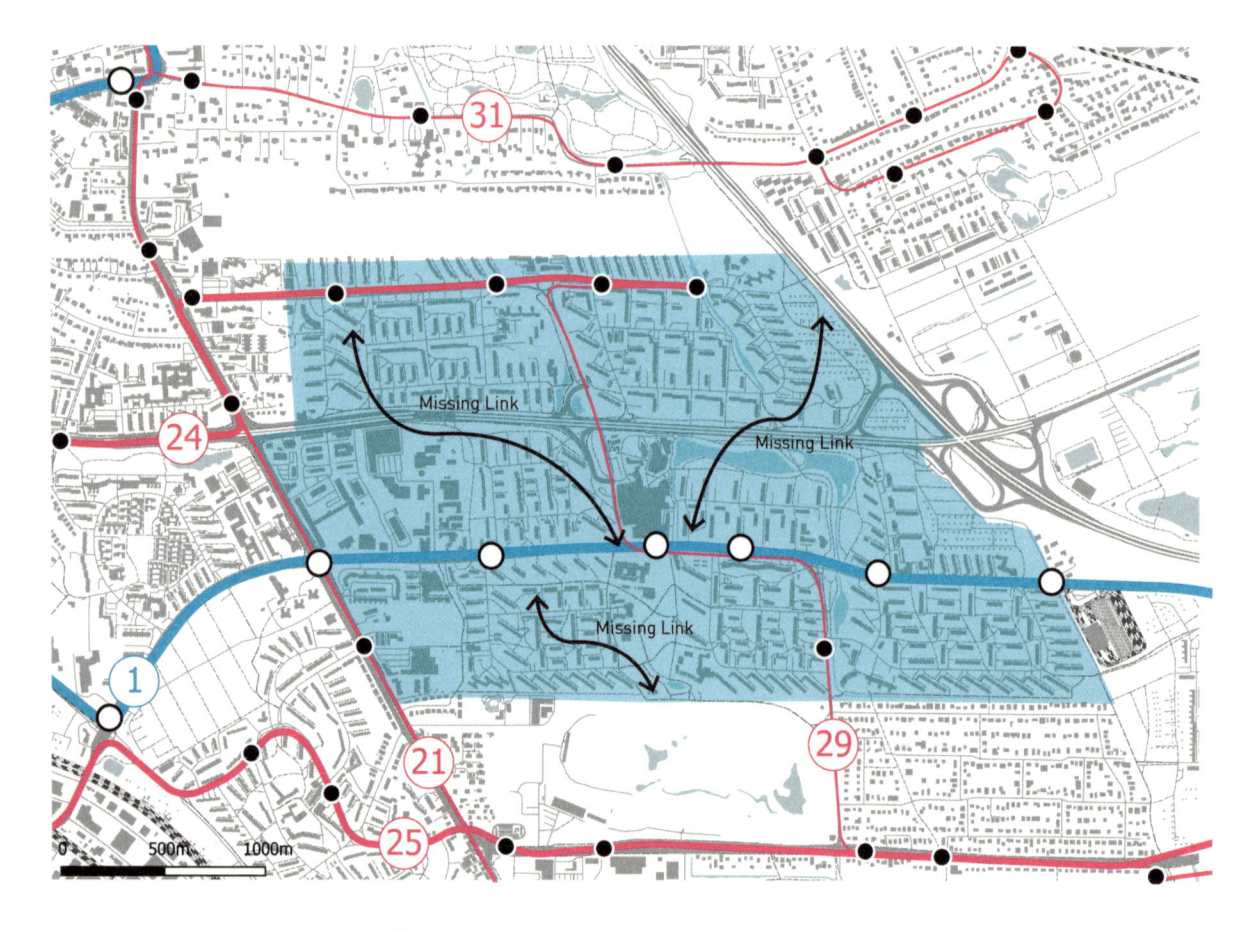

Analyse des Bestandsnetzes des Öffentlichen Personennahverkehrs (Straßenbahn und Bus)

# Digitale Vahr

Der Moment des Umzugs oder die Geburt eines Kindes ist aufgrund der sich veränderten Lebens- und Wohnsituation im Regelfall mit einem Überdenken des eigenen Mobilitätsverhaltens verbunden. Daher ist eine bewusste Unterstützung mit Informationen in diesen Momenten von besonderer Bedeutung. Durch gezieltes Marketing kann das Mobilitätsverhalten hierbei entscheidend beeinflusst werden.

Eine leicht bedienbare Quartiers-App mit Angebotsübersicht und FAQs zu Verkehrsthemen kann dabei helfen, die persönlich beste Mobilitätsvariante zu finden und das breite Angebot der Mobilität zu nutzen: So könnten etwa Fahrkarten gekauft, Standorte von Mobilitätsstationen abgelesen, Parkplätze gebucht oder Elektroautos gemietet werden. Auch eine Integration von bedarfsorientierten Straßenbeleuchtungen ist denkbar. Darüber hinaus könnte diese App weitere Features beinhalten – Kommunikation mit der Wohnungsgesellschaft oder Hausmeisterdiensten wären sinnvolle Ergänzungen.

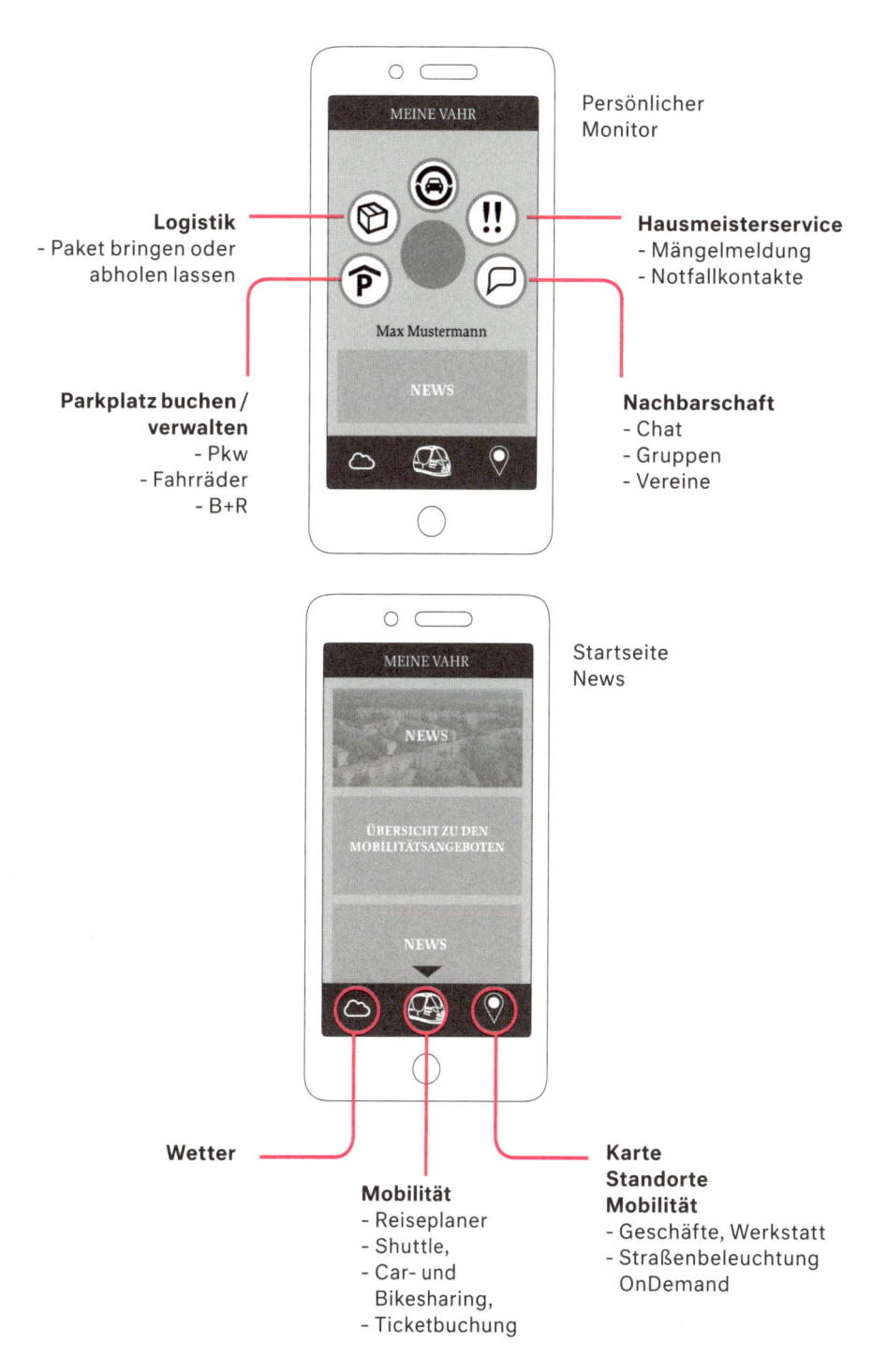

**Persönlicher Monitor**

**Logistik**
- Paket bringen oder abholen lassen

**Hausmeisterservice**
- Mängelmeldung
- Notfallkontakte

**Parkplatz buchen / verwalten**
- Pkw
- Fahrräder
- B+R

**Nachbarschaft**
- Chat
- Gruppen
- Vereine

**Startseite News**

**Wetter**

**Mobilität**
- Reiseplaner
- Shuttle,
- Car- und Bikesharing,
- Ticketbuchung

**Karte Standorte Mobilität**
- Geschäfte, Werkstatt
- Straßenbeleuchtung OnDemand

Neubürgerinformationen als App

Die Ergebnisse – Mobile Stadt

# Mobilitätsstationen

Um auch die Neue Vahr zunehmend attraktiv für jüngere Zielgruppen zu machen, müssen im Gebiet passende Angebote ergänzt und bestehende Angebote optimiert werden. Unterschiedliche Mobilitätsstationen sollten dabei nicht nur an wichtigen Umsteigestationen – wie großen ÖPNV-Knoten – etabliert, sondern auch als Pendant an Ziel- und Quellpunkten gesetzt werden. Darüber hinaus geht es nicht nur darum, Mobilitätsangebote zu bündeln, sondern zentrale Orte im Quartier zu schaffen, die einen Beitrag zur Stadtentwicklung leisten können.

Für kleine Nachbarschaften wird die Mobilitätsstation S empfohlen. Hier stehen Sharing-Fahrzeuge und -Fahrräder zur Nutzung bereit. Angedockt an bestehende Infrastrukturen wie Nahversorger oder ein Quartiersparkhaus können die Mobilitätsstationen M und L entstehen. Die Implementierung und Etablierung von solchen Stationen im Quartier braucht Zeit und Raum. Für einen „Hochlauf" in einem guten Umfeld, ist mit etwa zwei bis vier Jahren zu rechnen. So sollte ungeachtet der derzeitigen Nutzungszahlen grundsätzlich der Platz für eine größere Anzahl von Carsharing-Fahrzeugen mitgedacht werden.

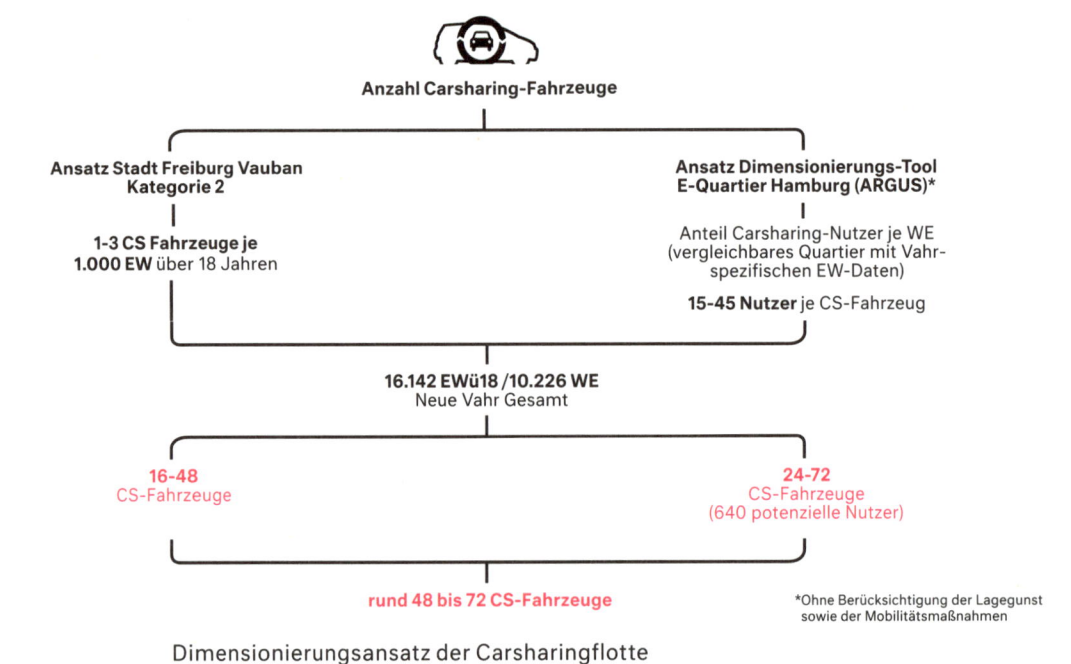

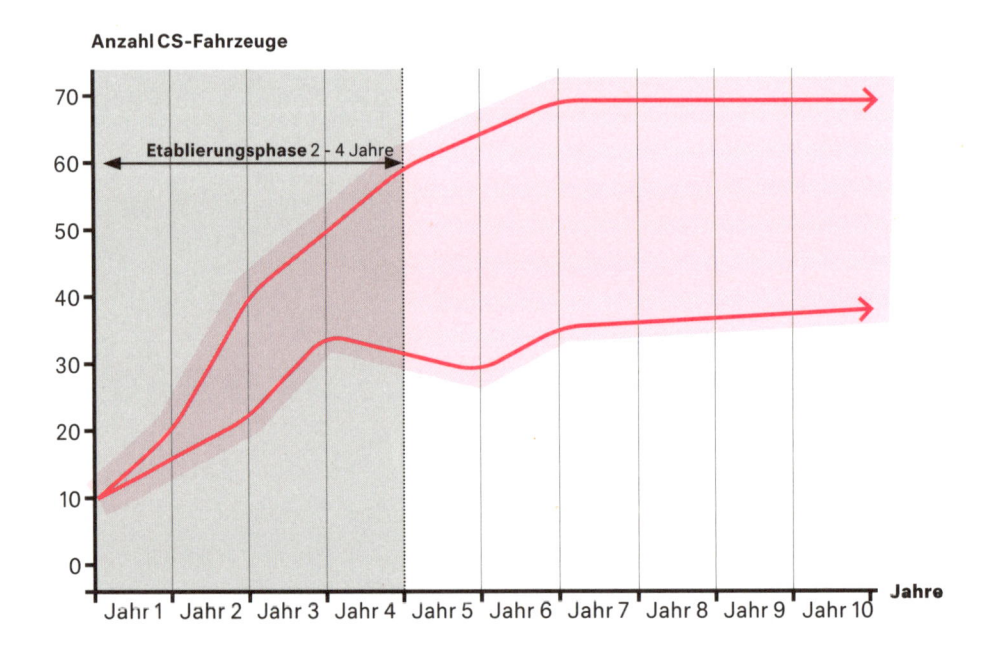

**Anzahl Carsharing-Fahrzeuge**

**Ansatz Stadt Freiburg Vauban Kategorie 2**
**1-3 CS Fahrzeuge** je **1.000 EW** über 18 Jahren

**Ansatz Dimensionierungs-Tool E-Quartier Hamburg (ARGUS)***
Anteil Carsharing-Nutzer je WE (vergleichbares Quartier mit Vahr-spezifischen EW-Daten)
**15-45 Nutzer** je CS-Fahrzeug

**16.142 EWü18 / 10.226 WE**
Neue Vahr Gesamt

**16-48** CS-Fahrzeuge

**24-72** CS-Fahrzeuge (640 potenzielle Nutzer)

**rund 48 bis 72 CS-Fahrzeuge**

*Ohne Berücksichtigung der Lagegunst sowie der Mobilitätsmaßnahmen

Dimensionierungsansatz der Carsharingflotte

Prognostizierter Hochlauf einer Station auf Grundlage von Erfahrungen aus dem Forschungsprojekt E-Quartier Hamburg

Paketstation
Tauschregal
Fahrradreparatur

Leihfahrräder
Lastenfahrräder

Carsharing-Station

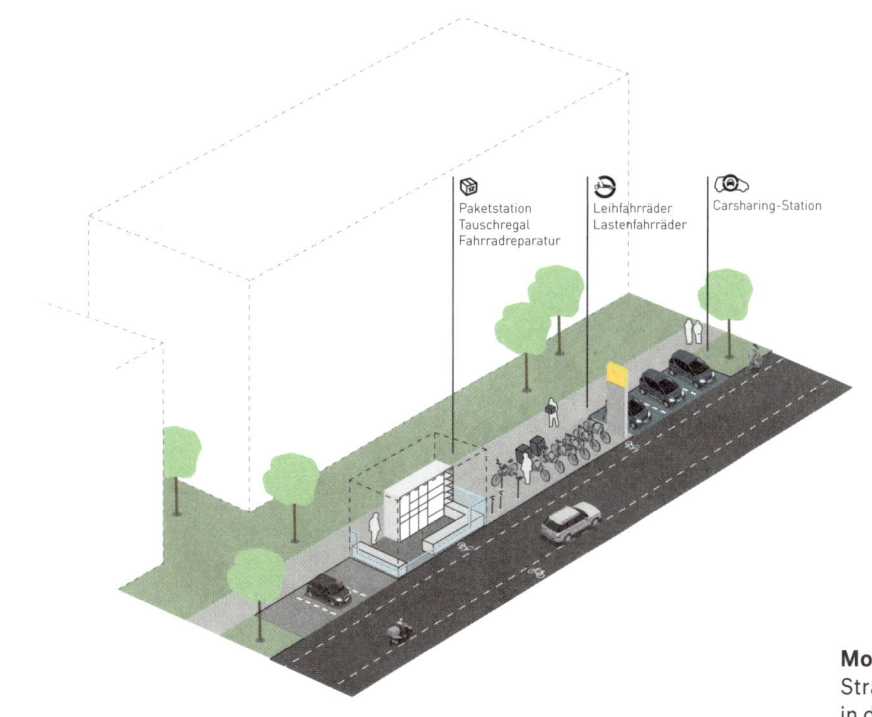

**Mobilitätsstationen S**
Straßenbegleitende Start-Punkte
in der Nachbarschaft

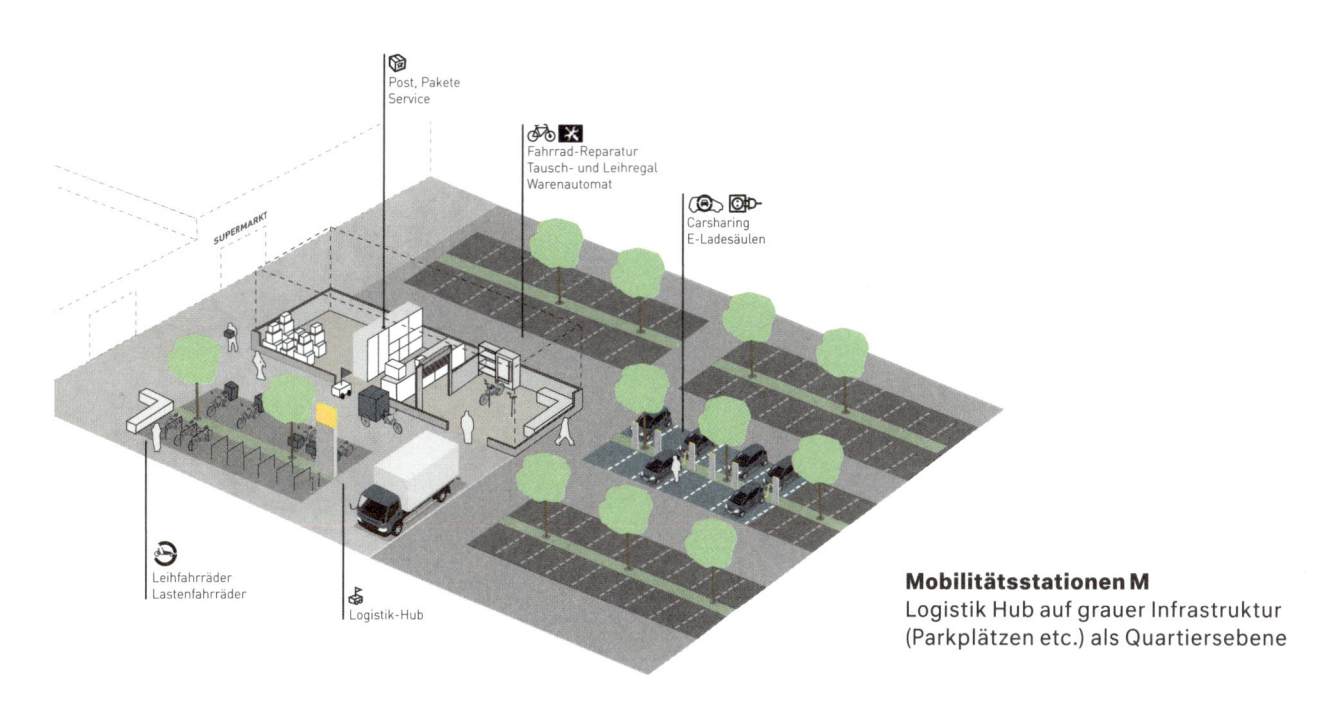

Post, Pakete
Service

Fahrrad-Reparatur
Tausch- und Leihregal
Warenautomat

Carsharing
E-Ladesäulen

Leihfahrräder
Lastenfahrräder

Logistik-Hub

**Mobilitätsstationen M**
Logistik Hub auf grauer Infrastruktur
(Parkplätzen etc.) als Quartiersebene

| Quartiers-parkhaus | 10% E-Ladeplätze | 3-4x CS-Fahrzeuge | Fahrrad + Service statisch | 10x Leihfahr-räder | Paket + Wäsche-service im Kiosk | ggf. Logistik-Hub | Shuttle-Stop |

Die Ergebnisse – Mobile Stadt

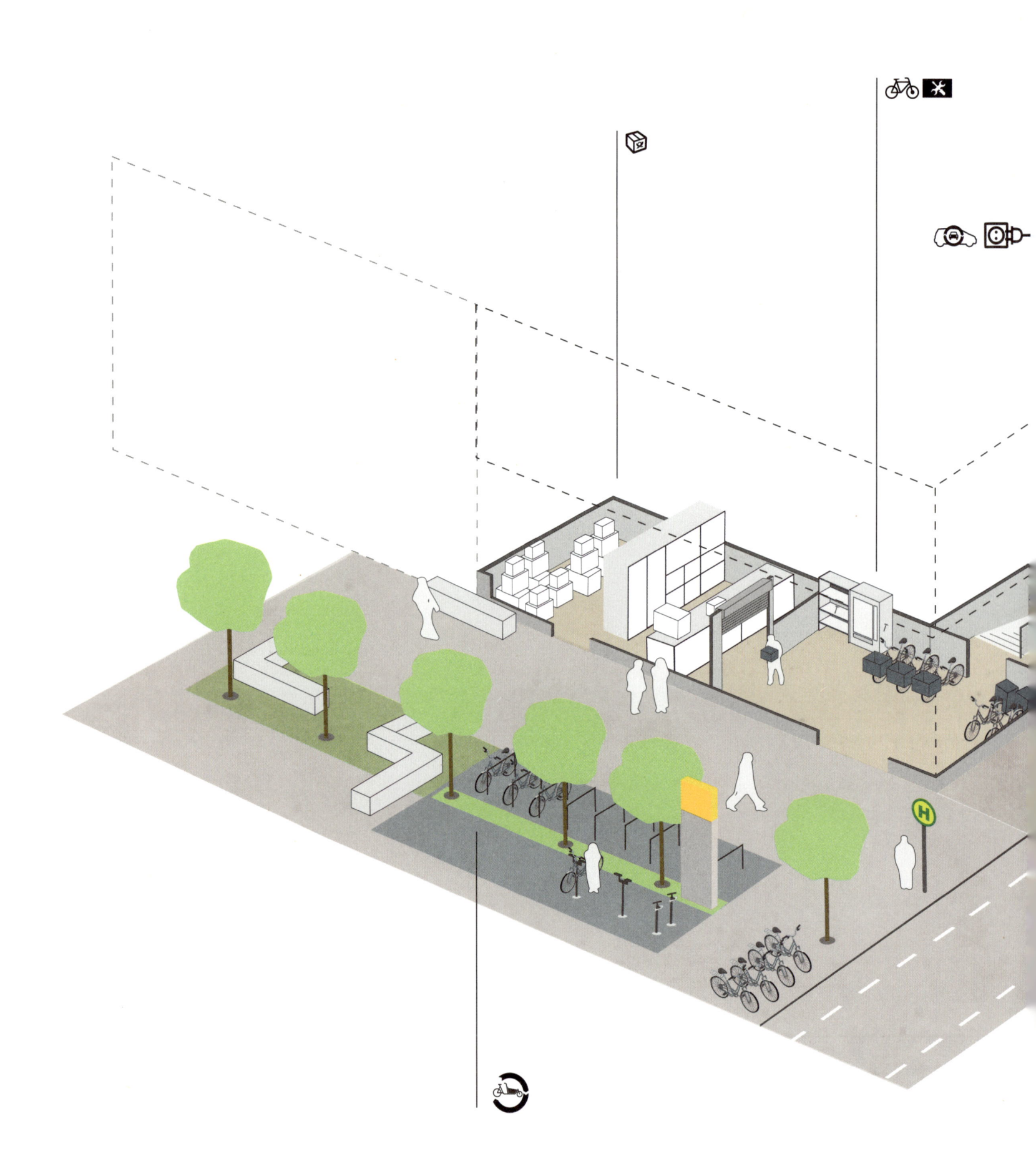

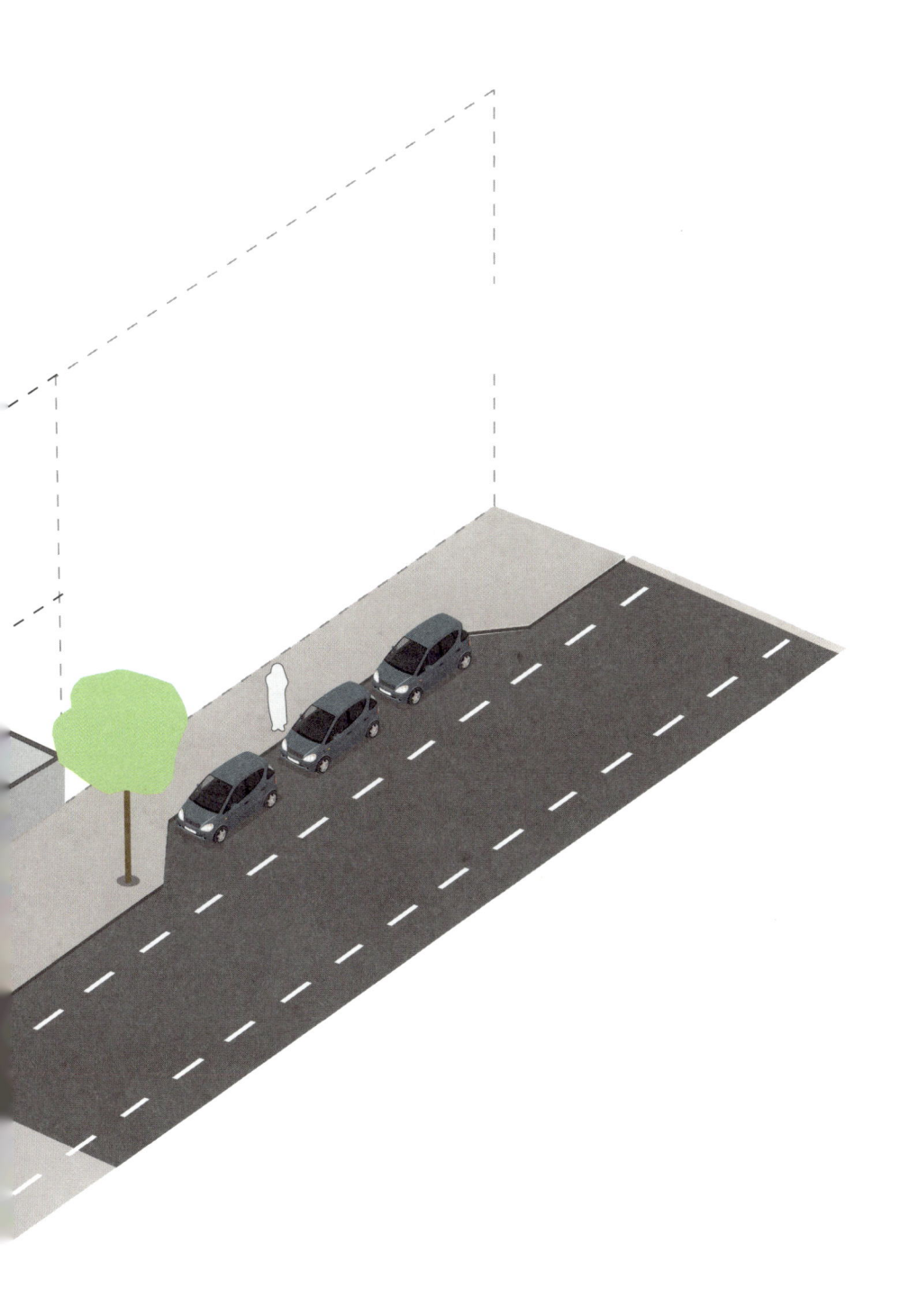

**Mobilitätsstationen L**
Integrierte Lage an einer ÖPNV Station

| Quartiers-parkhaus | 10% E-Ladeplätze | 3-4x CS-Fahrzeuge | Fahrrad + Service statisch | 10x Leihfahr-räder | Paket + Wäsche-service im Kiosk | ggf. Logistik-Hub | Shuttle-Stop |

Die Ergebnisse

# Blau-Grüne Stadt

Dirk Christiansen / bgmr, Berlin

Mit dem Wohnen in der Landschaft sind zugleich Herausforderungen und Standortbestimmungen im Alltag verbunden. Die Neue Vahr ist in Bewegung. Mit wechselnden Lebensphasen und neu hinzuziehenden Menschen ändern sich Ansprüche an das Wohnumfeld.

Ein grünes Wohnumfeld, reich an Bäumen, in einer von Seen und Fleeten geprägten Parklandschaft, das sind die Stärken der Neuen Vahr.

Die Bewohner schätzen diese bereits in der historischen Konzeption angelegte Orientierung. Mit dem Wohnen in der Landschaft sind zugleich Herausforderungen und Standortbestimmungen im Alltag verbunden. Die Neue Vahr ist in Bewegung. Mit wechselnden Lebensphasen und neu hinzuziehenden Menschen ändern sich Ansprüche an das Wohnumfeld. Es stellt sich grundsätzlich die Frage, welche Angebote geeignet sind, die nachbarschaftlichen Beziehungen zu stärken. Auch die Landschaft selbst entwickelt sich dynamisch. Pflegeeingriffe in den Baumbestand zur Verbesserung der Belichtung vorhandener Wohnungen, die gezielte Öffnung zugewachsener Ufer, identitätsstiftender Gewässer und die Sicherung einer guten Gewässerqualität sind wichtige Aufgaben der Pflege und Entwicklung von Freiflächen. Darüber hinaus schaffen Straßen, Plätze und Aktionsflächen urbane Bezugsräume in der Neuen Vahr.

Die fünf großen Nachbarschaften in der Neuen Vahr eignen sich als robuster städtebaulicher Kompass in der Neuen Vahr. Die gelebte Nachbarschaft hält sich selten an diese Grenzen – was gut ist. Das Stadtteilleben profitiert von Bekanntschaften und Alltagsanlässen, die sich quer zu der klassischen Einteilung in städtebauliche Teilquartiere entwickeln. Hinzu kommen Arbeitsstätten oder Bildungseinrichtungen, die Bezugsräume außerhalb des eigenen Quartiers, mitunter auch des eigenen Stadtteils darstellen. Gute Anbindungen erleichtern die soziale Quervernetzung. In der Neuen Vahr besitzen die Parkanlagen, aber auch ein Teil der Stadtstraßen, großes Potenzial, als blaugrüne, öffentliche Infrastruktur Nachbarschaften, Quartiere und Stadtteile miteinander zu verbinden.

Besonders sensibel ist das Nahumfeld der Wohnung für das nachbarschaftliche Zusammenleben. Hier lebt man Tür an Tür mit den „eigentlichen" Nachbarn, teilt sich vom Parkplatz bis zum Klingelbrett unterschiedlichste Gemeinschaftseinrichtungen. Gelegenheiten zur Interaktion sind hier immer auch Chance zur Anteilnahme oder Konfliktbewältigung. Voraussetzung ist das Vorhandensein konkreter Orte, die den beiläufigen Kontakt im Alltag ermöglichen. Auch hierum geht es bei der Strategie der Blau-Grünen Stadt. Orte im direkten Wohnumfeld zu schaffen die gerne genutzt werden, Kontakte ermöglichen und die Gelegenheit zum Mitmachen bieten. Die Blau-Grüne Neue Vahr kann ruhig auch etwas bunter werden.

Der Projektbaustein Blau-Grüne Stadt setzt an den bestehenden Freiraumpotenzialen an und formuliert Leitthemen für die zukünftige Entwicklung. Vier Themen stehen im Fokus:

– Profilierung der Stadtlandschaft als besondere Eigenart der Neuen Vahr mit Schwerpunkt des sensiblen Umgangs mit Wasser, dem Landschaftserleben und ökologischer Vielfalt;

– Qualifizierung der Bewegungsräume im Hinblick auf Alltagstauglichkeit, Mehrwerte für die Aufenthaltsqualität und einen gleichberechtigten Zugang durch Abbau von Barrieren;

– Stärkung des nachbarschaftlichen Zusammenlebens durch das Angebot neuer Möglichkeitsräume für die Hausgemeinschaften sowie

– Wiederentdeckung des Straßenraums als Potenzialraum, Funktionsträger und urbanem Ort des Zusammenlebens.

## Die Ergebnisse – Blau-Grüne Stadt

Blau-Grüne Infrastruktur

Wiederentdeckung des Straßenraums

Bewegungs- und Begegnungsraum

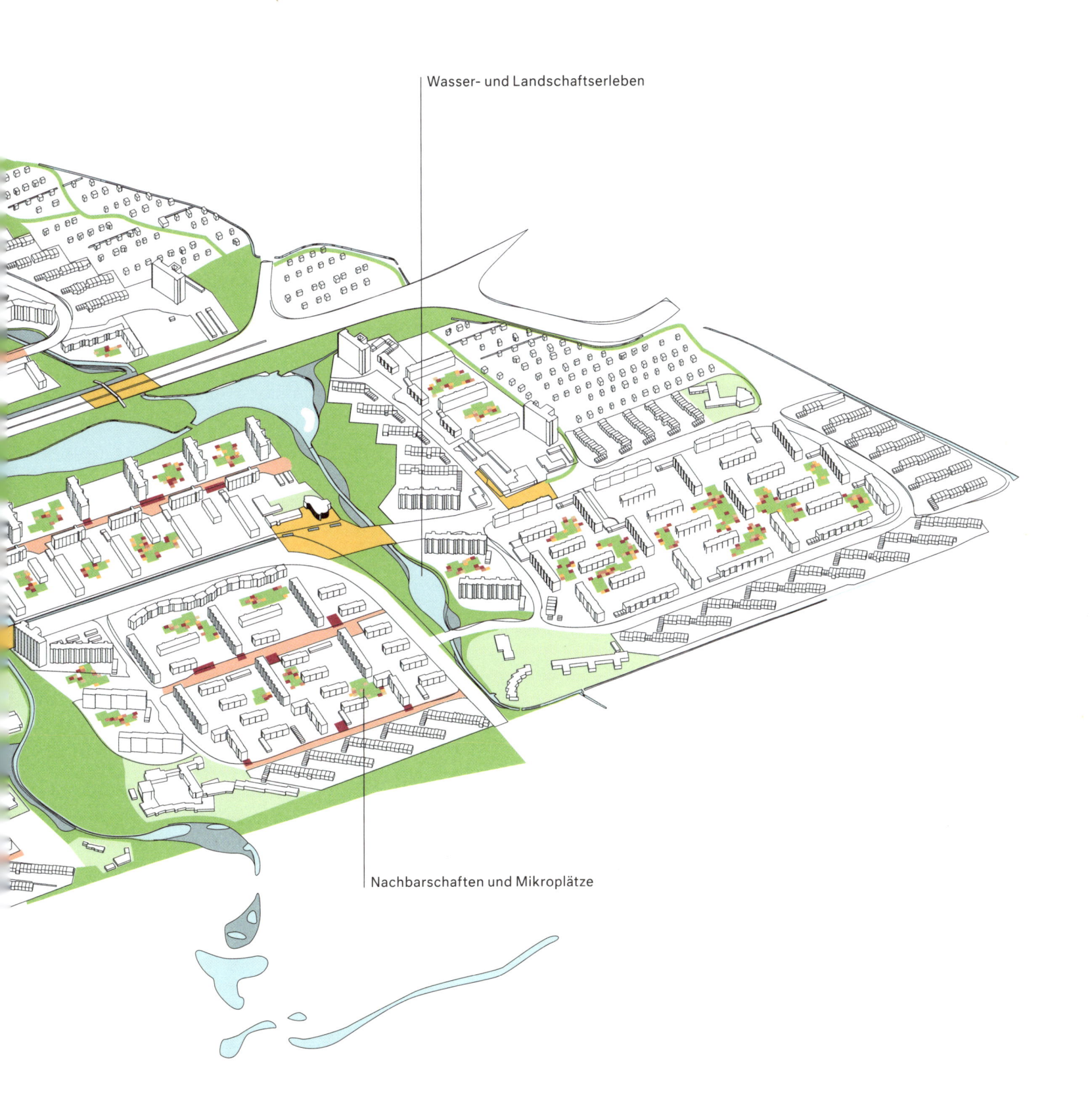

Wasser- und Landschaftserleben

Nachbarschaften und Mikroplätze

105

Die Ergebnisse – Blau-Grüne Stadt

# Wasser- und Landschaftserleben

Zurzeit wird das von Verkehrsflächen und Gebäuden anfallende Niederschlagswasser über das bestehende Rohrleitungsnetz direkt in das Fleetsystem abgeführt. Dies zieht hydraulische Belastungen und Verschlechterungen der Wasserqualität nach sich. Zukünftig zunehmende Starkregenereignisse werden diese Gewässerbelastungen weiter verstärken. Auch wenn das Regen- und Schmutzwasser in der Neuen Vahr bereits in getrennten Kanalsystemen abgeführt wird, gelten Mittelkampsfleet, Achterkampsfleet und Kleine Wümme derzeit als kritisch belastet bis stark verschmutzt. Zusammen mit weiteren Stoffeinträgen durch Laubfall, Luftverschmutzung und Freizeitnutzungen drohen Mangelzustände, die durch die laufende Gewässerunterhaltung nur schwer zu kompensieren sind.

Sind die Stoffeinträge erst einmal in den Gewässern, so werden auch die Optionen für die Unterhaltung limitiert.

Im Verlauf des Beteiligungsprozesses wurde deutlich, dass die Gewässerqualität für die Bewohner von großer Bedeutung ist. Die Wertstellung der Wasserlage hängt wesentlich mit dem Wissen um saubere Gewässer zusammen. Zudem spielen gute Zugänge und attraktive, schöne Orte am Wasser eine entscheidende Rolle bei der Bewertung des Wohnumfelds – Wohlfühlorte am Wasser sind sauber, kühlen bei Hitze im Sommer und stinken nicht.

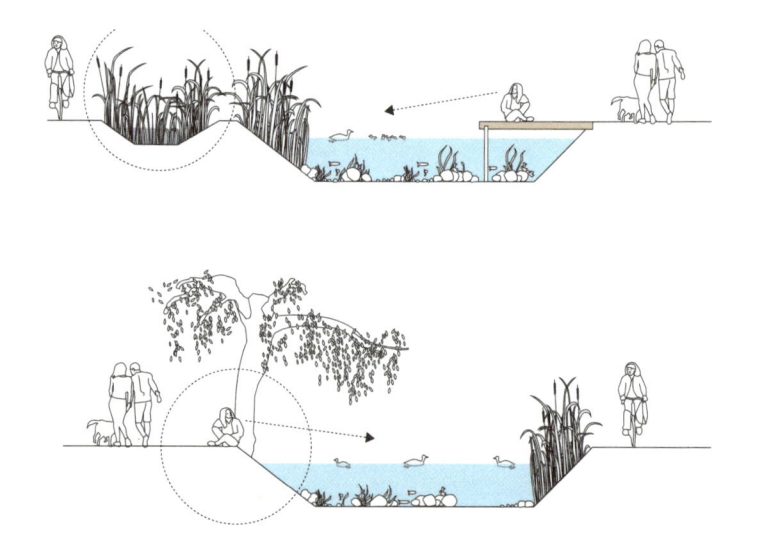

→

Aktivierung Ufer

Kissen

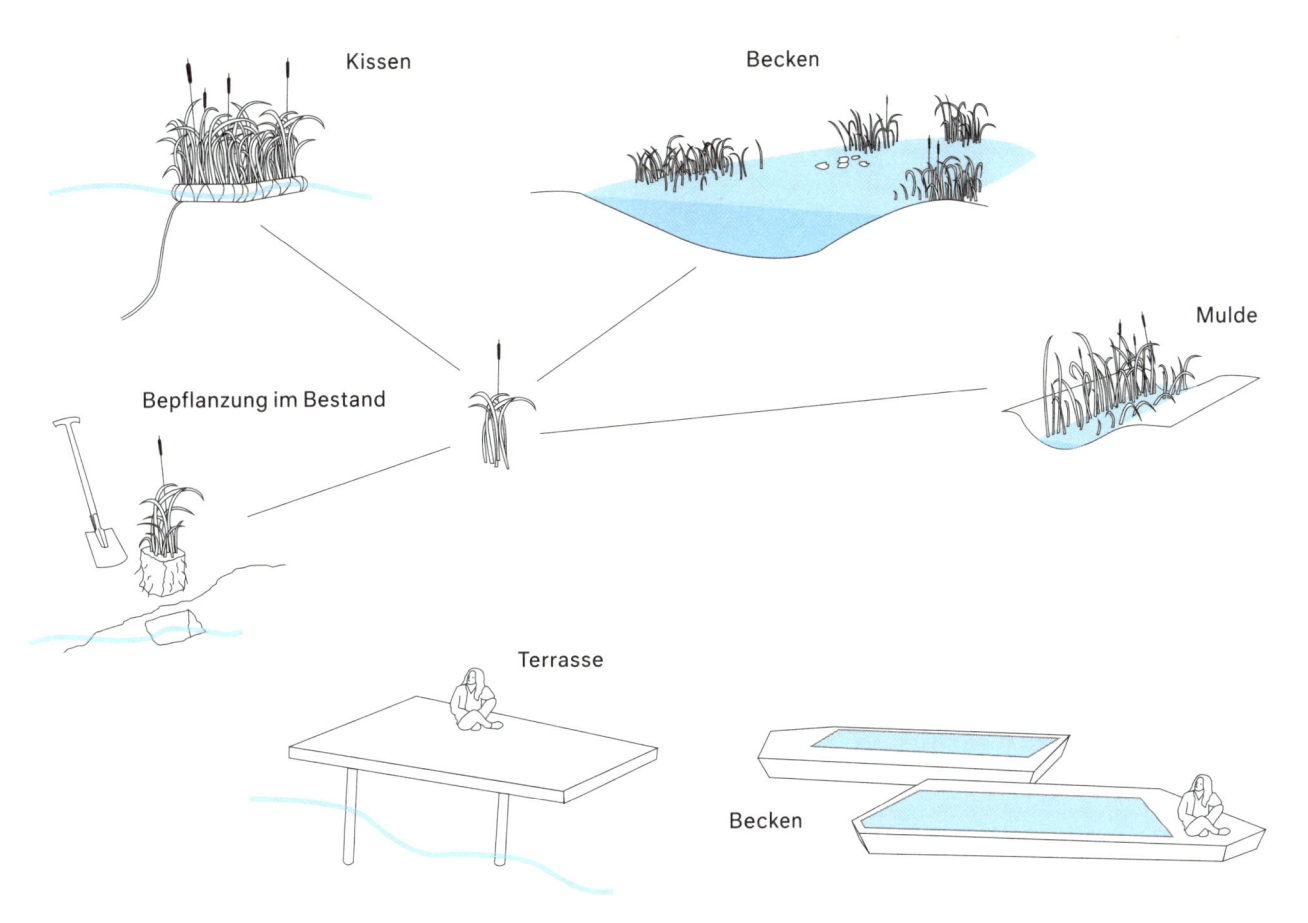

Becken

Mulde

Bepflanzung im Bestand

Terrasse

Becken

Tools Aufwertung Wasserlagen

Achterkampsfleet an der Witzlebenstraße (Ist-Situation)

Projektbeispiel schöne Orte am Wasser (Konzept)

## Die Ergebnisse – Blau-Grüne Stadt

Um die Gewässer und das vorgeschaltete Kanalsystem zu entlasten, können Strategien der Verzögerung, Rückhaltung, Speicherung und Verdunstung mit Maßnahmen zur biologischen Gewässerreinigung, gegebenenfalls der Versickerung, kombiniert werden.
Als Maßnahmenräume kommen private und öffentliche Freiflächen gleichermaßen infrage, in denen dem Fleetsystem vorgeschaltete Pflanzenfilter Reinigungsfunktionen übernehmen. Sie dienen als klimawirksame Verdunstungsbeete, können vorhandene Kanalsysteme entlasten, ersetzen, diesen zugeschaltet, oder an die bestehenden Gewässerränder angelagert werden. Im Gewässer selbst könnten zusätzlich schwimmende Schilfpflanzungen und aktive Belüftungsmaßnahmen zur natürlichen Stabilisierung der Gewässer beitragen. Die genannten Maßnahmen können auf die jeweiligen örtlichen Bedingungen angepasst sowie lageabhängig miteinander kombiniert werden. Der Wunsch nach sauberen Gewässern, die Nachfrage nach identitätsstiftenden schönen Orten am Wasser und die zugleich bestehende Notwendigkeit stadtklimawirksamer Retentions- und Reinigungsmaßnahmen bieten die Chance für ein integriertes Handeln in ‚blau-grünen Projekten' der Neuen Vahr. Darüber hinaus besitzen der hohe Grünflächenanteil und die vielfältigen Gewässersäume ein besonderes Potenzial für die Stärkung der ökologischen Vielfalt. Erste Blühwiesenprojekte und Informationstafeln sowie Baumpatenschaften setzen hier an und schaffen Anknüpfungspunkte zur Bildungslandschaft in der Neuen Vahr.

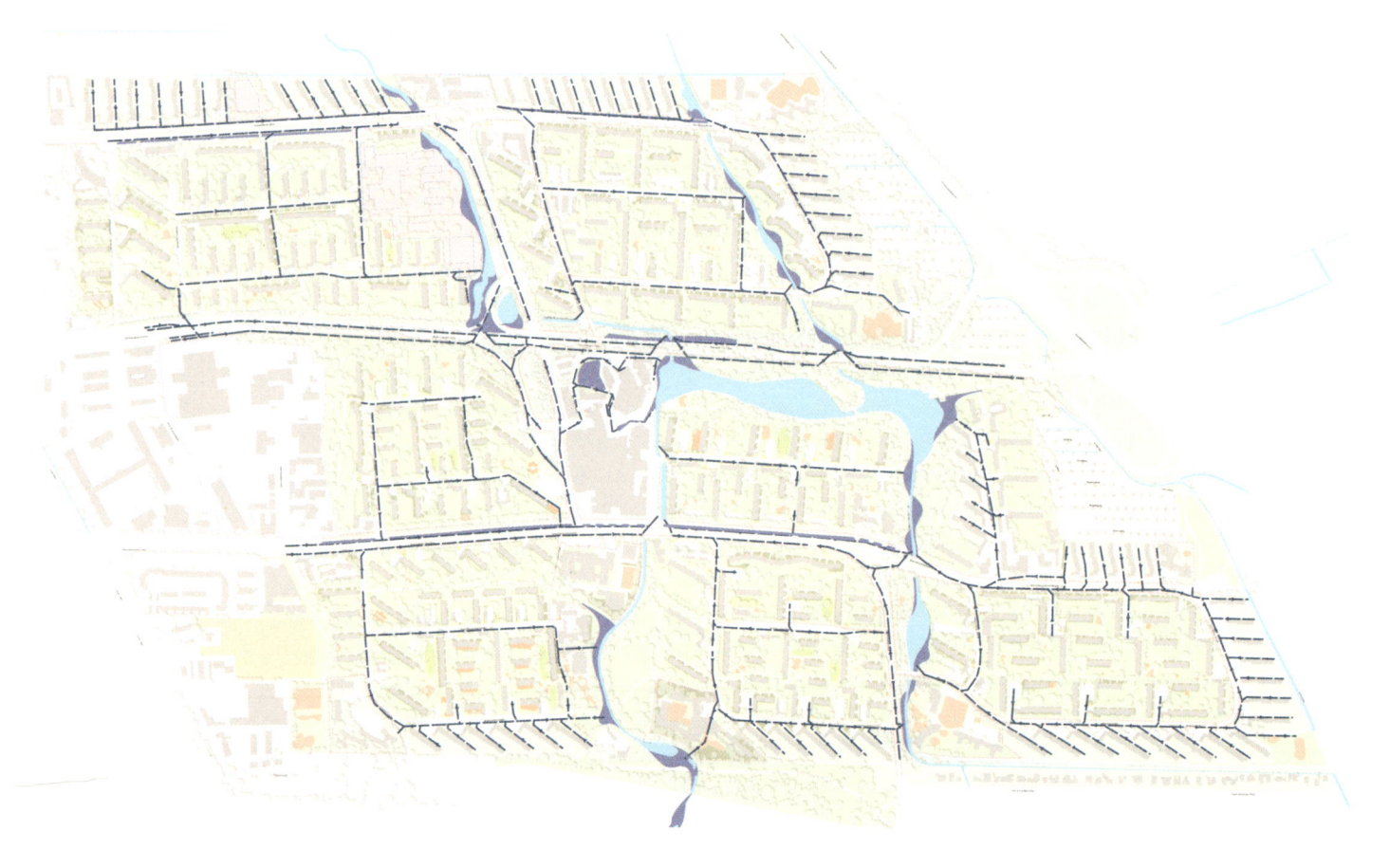

Regenwassernetz und Maßnahmenräume

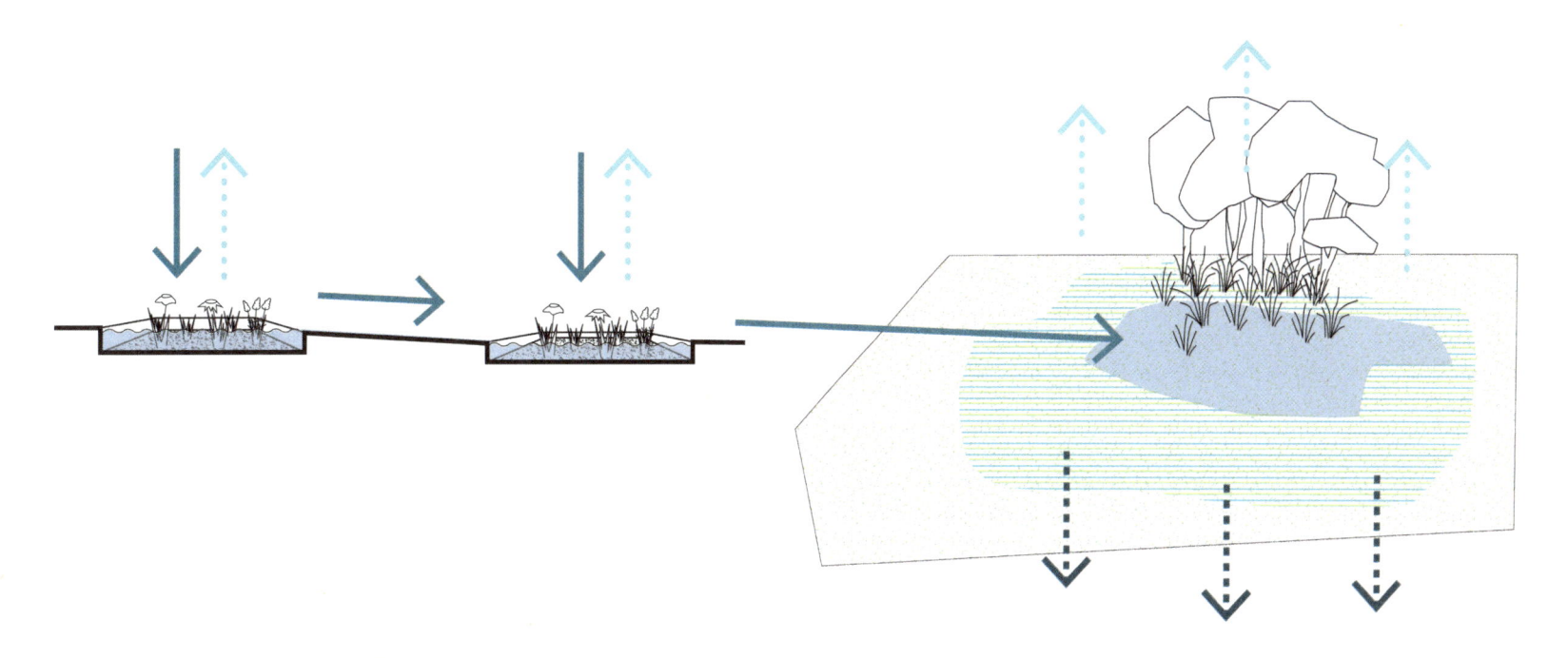

Kaskadenprinzip: Rückhaltung, Verdunstung, Reinigung

Paul-Singer-Straße (Ist-Situation)

Projektbeispiel blau-grüne Infrastruktur (Konzept)

Die Ergebnisse – Blau-Grüne Stadt

# Bewegungs- und Begegnungsraum

Die Einteilung in fünf Nachbarschaften folgt der städtebaulichen und landschaftsräumlichen Gliederung der Neuen Vahr. Man lebt nördlich oder südlich des Vahrer Sees, der Berliner Freiheit, der Richard-Boljahn- oder der Kurt-Schumacher-Allee. In Ost-West-Richtung geben der Mittelkamps- und Achterkampsfleet Orientierungshilfen. Derzeit gliedern Stadtstraßen, Gewässer- und Parkanlagen die Neue Vahr in stadträumliche Bereiche, ohne ihr Verbindungspotenzial voll auszunutzen. Dies wird vor allem an den Übergängen der Richard-Boljahn-Allee und Kurt-Schumacher-Allee deutlich. Die Fahrgeschwindigkeiten sind hier auf den Transit ausgerichtet. Dabei durchschneiden die Straßen den Stadtraum eher, als dass sie ihn zusammenführen. Vorhandene Laufbeziehungen in Siedlungsbereichen und Parkanlagen, aber auch die Lage von Nahversorgern und verkehrlichen Umsteigepunkten könnten zukünftig, zusammen mit neuen Nutzungsangeboten, zu verbindenden Stadträumen weiterentwickelt werden.

Ein gut ausgebauter öffentlicher Personennahverkehr, die zunehmende Bedeutung der Elektromobilität sowie die Verbesserung des Komforts für den Radverkehr sind Voraussetzungen für diese Entwicklung (siehe auch den Beitrag „Mobile Stadt").

Die neuen Nachbarschaftsplätze eignen sich als Schwerpunkträume für die Maßnahmenbündelung städtebaulicher Entwicklungsprojekte sowie der verkehrlichen und alltagsbezogenen Versorgungsinfrastruktur.

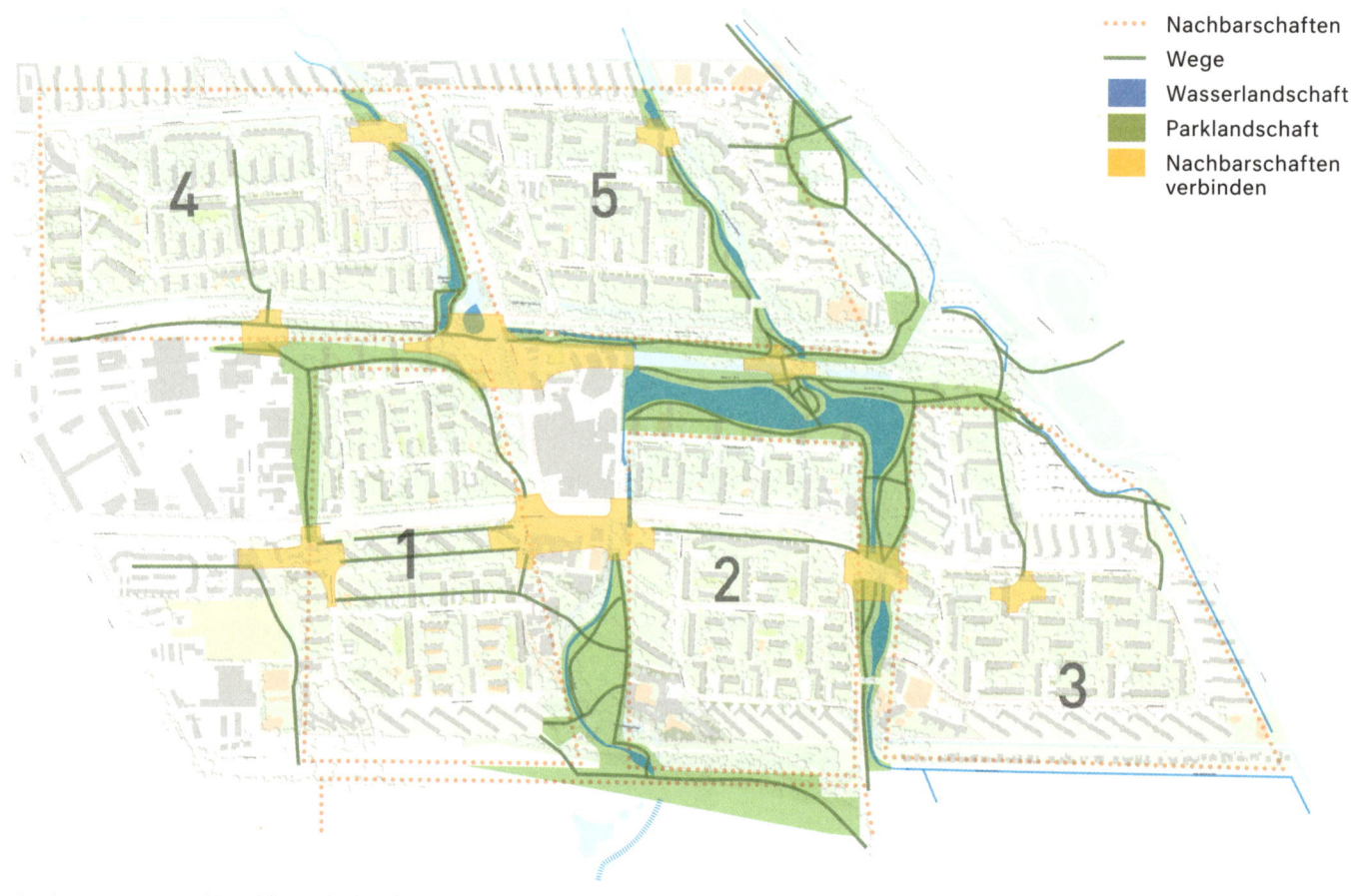

Parkwegenetz und Nachbarschaftsplätze

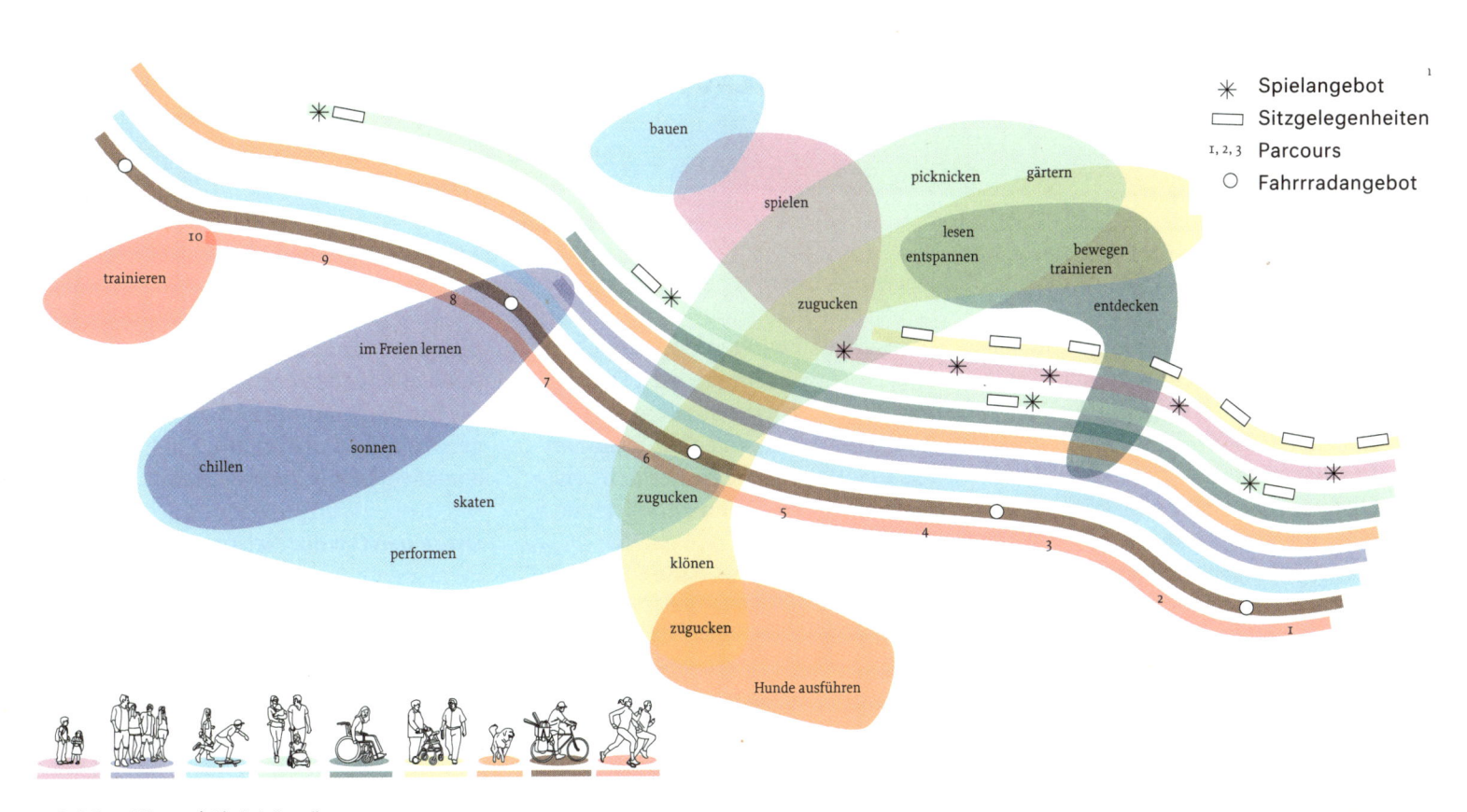

| | |
|---|---|
| ✷ | Spielangebot |
| ▭ | Sitzgelegenheiten |
| 1, 2, 3 | Parcours |
| ○ | Fahrrradangebot |

bauen
picknicken  gärtern
spielen
lesen entspannen
bewegen trainieren
zugucken  entdecken
trainieren
im Freien lernen
chillen  sonnen
skaten
zugucken
performen
klönen
zugucken
Hunde ausführen

Schöne Wege / Aktivitätsräume

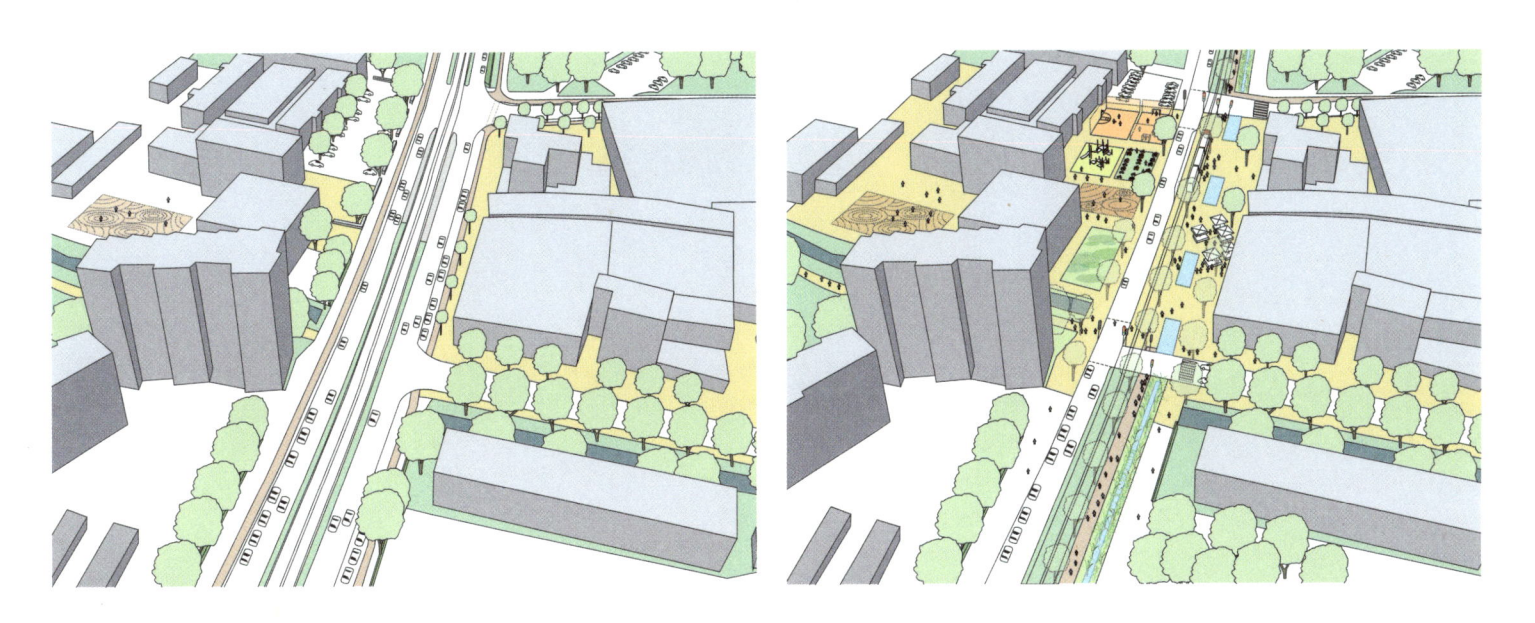

Kurt-Schumacher-Allee an der Berliner Freiheit (Ist-Situation)

Projektbeispiel Nachbarschaftsplatz an der Berliner Freiheit (Konzept)

111

Die Ergebnisse – Blau-Grüne Stadt

# Nachbarschaften und Mikroplätze

Im Rahmen des Planungsprozesses wurden hausbezogene Treffpunkte im Nahbereich der Wohnung verstärkt nachgefragt. Das Konzept der Nahnachbarschaftsplätze bildet diese Suche nach Orten für gemeinschaftliche Aktionen idealisiert ab. Jeder Punkt = ein Platz, jedes Feld = eine Nahnachbarschaft. Aufgrund der überwiegend offenen Bauformen verschränken sich die Nahnachbarschaften in der Neuen Vahr. Wie die durchfließende Landschaft bedingt die offene Bauform auch sozialräumlich Durchlässigkeiten. In diesem für Siedlungen der Moderne der 1950er und frühen 1960er Jahre beispielhaft strukturierten Wohnumfeld könnten hausgemeinschaftliche Treffpunkte Aneignungsspielräume für die Bewohner erweitern und die soziale Kontrolle verbessern. Die in dem Plan „Nahnachbarschaften" vereinfacht dargestellten Verortungen setzen überwiegend an vorhandenen Spielplätzen an. Je nach Bedarf schaffen Anreicherungen und Erweiterungen neue Gelegenheiten für generationsübergreifende, nachbarschaftliche Kontakte. Um im weiteren Prozess zu klären, welche konkreten neuen Angebote am jeweiligen Ort die Richtigen sind, bedarf es der Beteiligung und Mitwirkung der Anwohner.

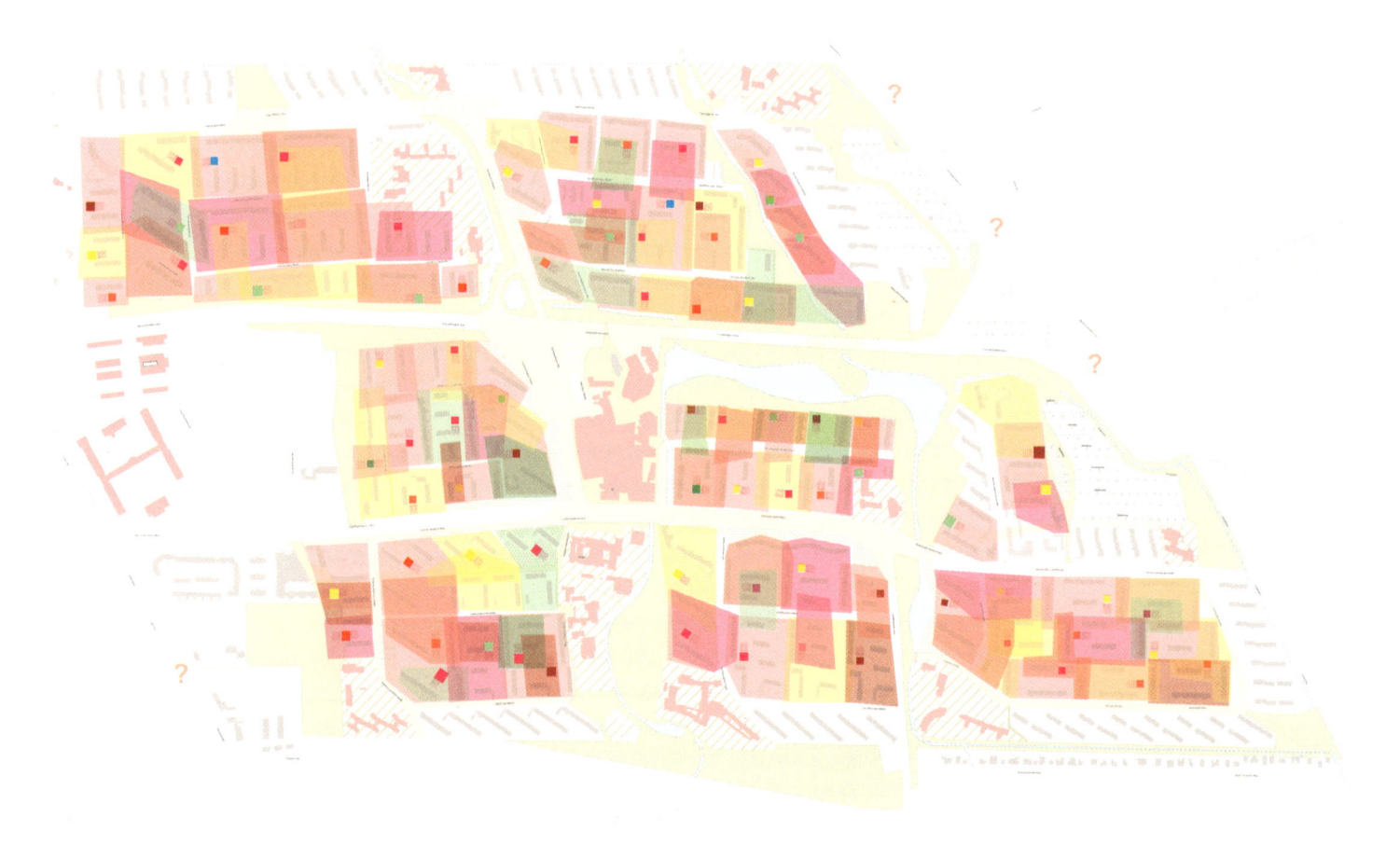

Nahnachbarschaften

Tool Anreicherung Spielplätze

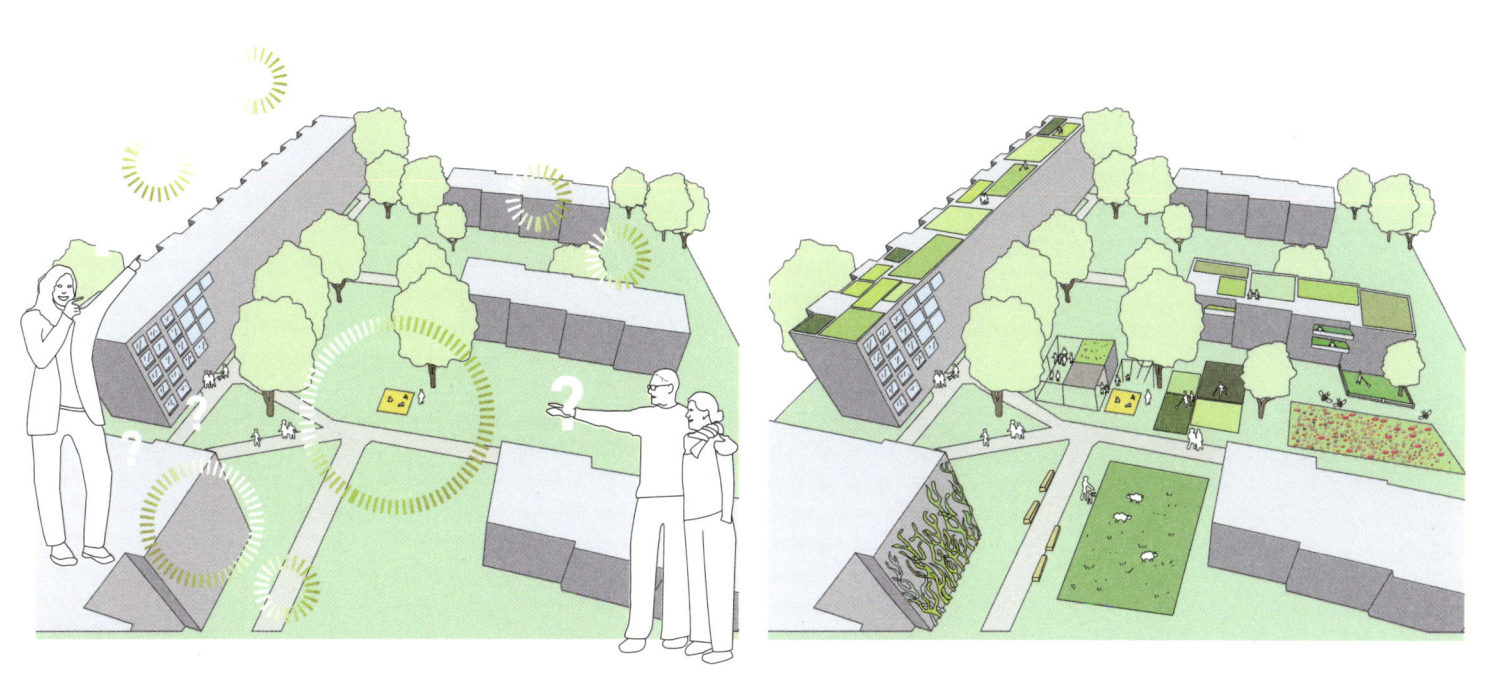

Möglichkeitsräume (Ist-Situation)

Projektideen (Konzept)

113

Die Ergebnisse – Blau-Grüne Stadt

# Wiederentdeckung des Straßenraums

Auf Quartiersebene sind die Haupterschließungsstraßen als klassische Straßen im Trennsystem und mit teilräumlich separierten Radwegen auf Gehwegniveau gekennzeichnet. Straßenabhängig stellt sich die Frage, inwieweit Spielräume für platzartige Begegnungsflächen gewonnen werden können. Die Qualifizierung der Wohnstraßen hängt ebenfalls mit der Stärkung adressbildender Eingangssituationen zusammen. Insbesondere bei den quartierstypischen, giebelständigen Zeilen deuten bestehende Trampelpfade und weitgehend ungestaltete – blinde – Hausgiebel auf anstehende Gestaltungsaufgaben. Neben allgemeinen funktionalen Anforderungen ist die Ordnung des ruhenden Verkehrs wichtiger Bestandteil der Betrachtung des Straßenraums. Private Pkw, Anlieferbereiche, aber auch die eingangsnahe Unterbringung von Fahrrädern, Gehhilfen wie Rollatoren oder die Organisation von Müllstandsflächen sind Themen, die den Alltag der Bewohner unmittelbar betreffen.

Durchgangstraße
Nachbarschaftsstraße
Radverkehr getrennt
Potentialräume an den Straßen

Straßennetz

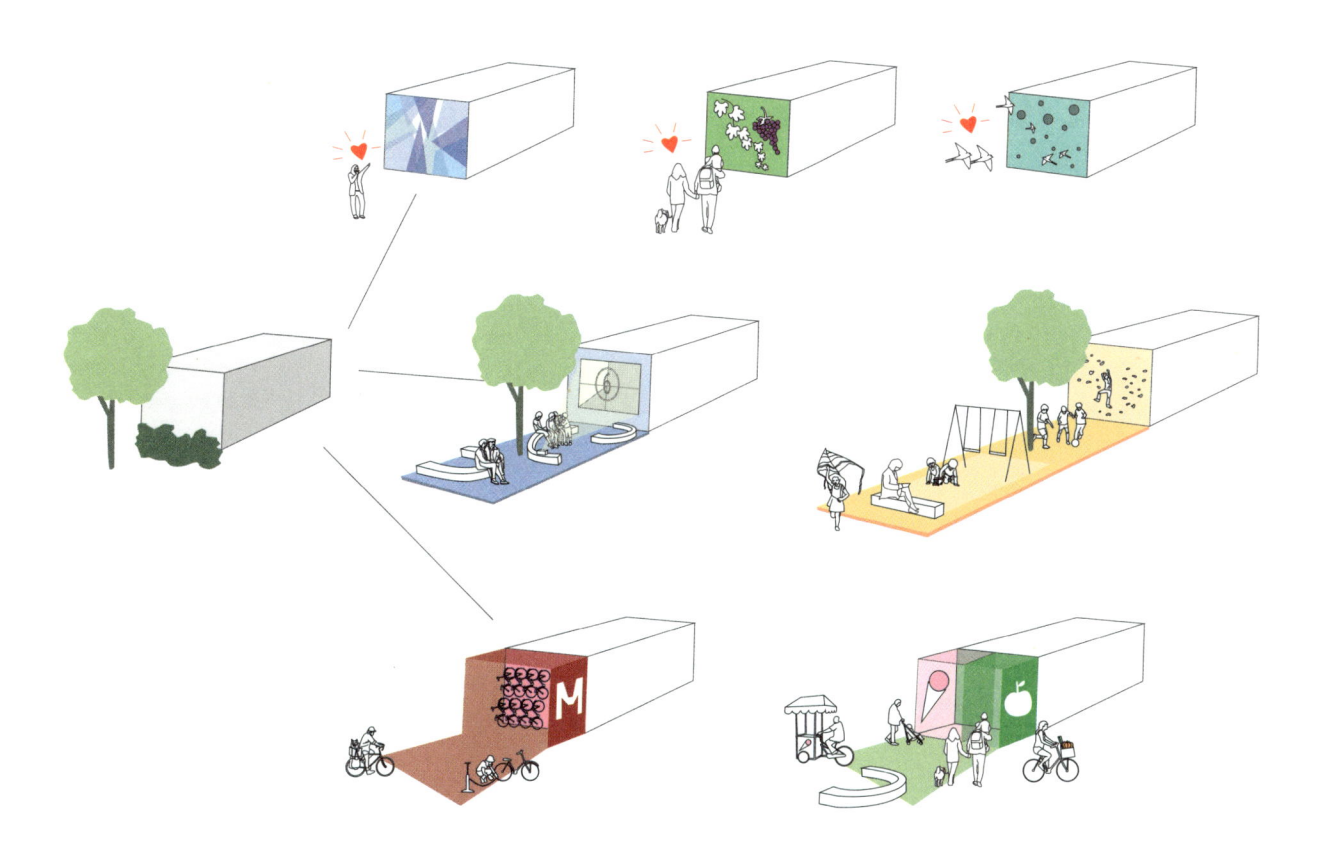

Tool Aktivierung Hausgiebel

Heinrich-Schulz-Straße (Ist-Situation)

Projektbeispiel Begegnungsraum Straße (Konzept)

Die Ergebnisse – Blau-Grüne Stadt

Carl-Severing-Straße (Ist-Situation)

Projektbeispiel Begegnungsraum Straße (Konzept)

Die Ergebnisse

# Stadt für Alle

Vanessa Miriam Carlow / COBE Berlin

Neue Wohnbauten erweitern das Wohnungsportfolio um derzeit und zukünftig nachgefragte Wohnungstypen und -größen und machen die Neue Vahr so auch für neue Bevölkerungsgruppen, etwa Studierende und junge Familien, interessant.

Die Strategie Stadt für Alle nimmt die alltagsweltlichen Beziehungen und Bedürfnisse der in der Neuen Vahr lebenden und zukünftigen Bevölkerung in den Blick. Vor dem Hintergrund des demografischen Wandels und sich ändernder Lebensgewohnheiten und -stile werden entsprechende Feinjustierungen im architektonischen und städtebaulichen Gefüge der Neuen Vahr vorgeschlagen.

Mit neuen barrierefreien Wohnbauten und punktuellen baulichen Anpassungen des Wohnungsbestandes wird es der angestammten Bevölkerung ermöglicht, lange im Quartier zu bleiben. Neue Wohnbauten erweitern das bisherige Wohnungsportfolio um derzeit und zukünftig nachgefragte Wohnungstypen und -größen und machen die Neue Vahr so auch für neue Bevölkerungsgruppen, etwa Studierende und junge Familien, interessant. Ergänzende Bauten werden in einer Architektursprache entwickelt, die den Bestandsbauten keine Konkurrenz machen. Die blau-grünen Interventionen im Freiraum der Siedlung komplementieren die behutsamen baulichen Ergänzungen.

Für einzelne Bereiche wie den westlichen und östlichen Eingang zur Neuen Vahr und an der Berliner Freiheit wurde die Möglichkeit der programmatischen Ergänzung durch soziale Einrichtungen, Co-Working oder kleine Gewerbeeinheiten für Praxen, Kanzleien oder verträgliches Handwerk untersucht. Diese Programme reagieren auf in der Neuen Vahr identifizierte Bedürfnisse, sind im Sinne der mobilen Vahr an gut erreichbaren zentralen Orten angelagert und tragen zu deren Aufwertung und Aktivierung bei. In Kombination mit den Mobilitäts-Stationen entstehen neue niedrigschwellige Angebote und Treffpunkte. Fehlende Wegebeziehungen werden bei Bedarf ergänzt. Durch die Einbringung dieser neuen Programme werden aus den Quartieren heraus identifizierte Bedürfnisse in der Vahr realisiert, was auf quartiers- und gesamtstädtischer Ebene auch eine Vermeidung von Verkehr zur Folge hat. Ergänzend werden soziale Einrichtungen, wie etwa die benötigten Kitas, an dem die Neue Vahr durchziehenden Freiraumsystem vorgeschlagen. So werden die bestehenden Nachbarschaften besser miteinander vernetzt und der soziale Austausch zwischen den Bewohnern gefördert.

Die Ergebnisse – Stadt für Alle

Zentraler Ort
Berliner Freiheit

Zentraler Ort Eingang West

Innenentwicklung

Zentraler Ort Eingang Ost

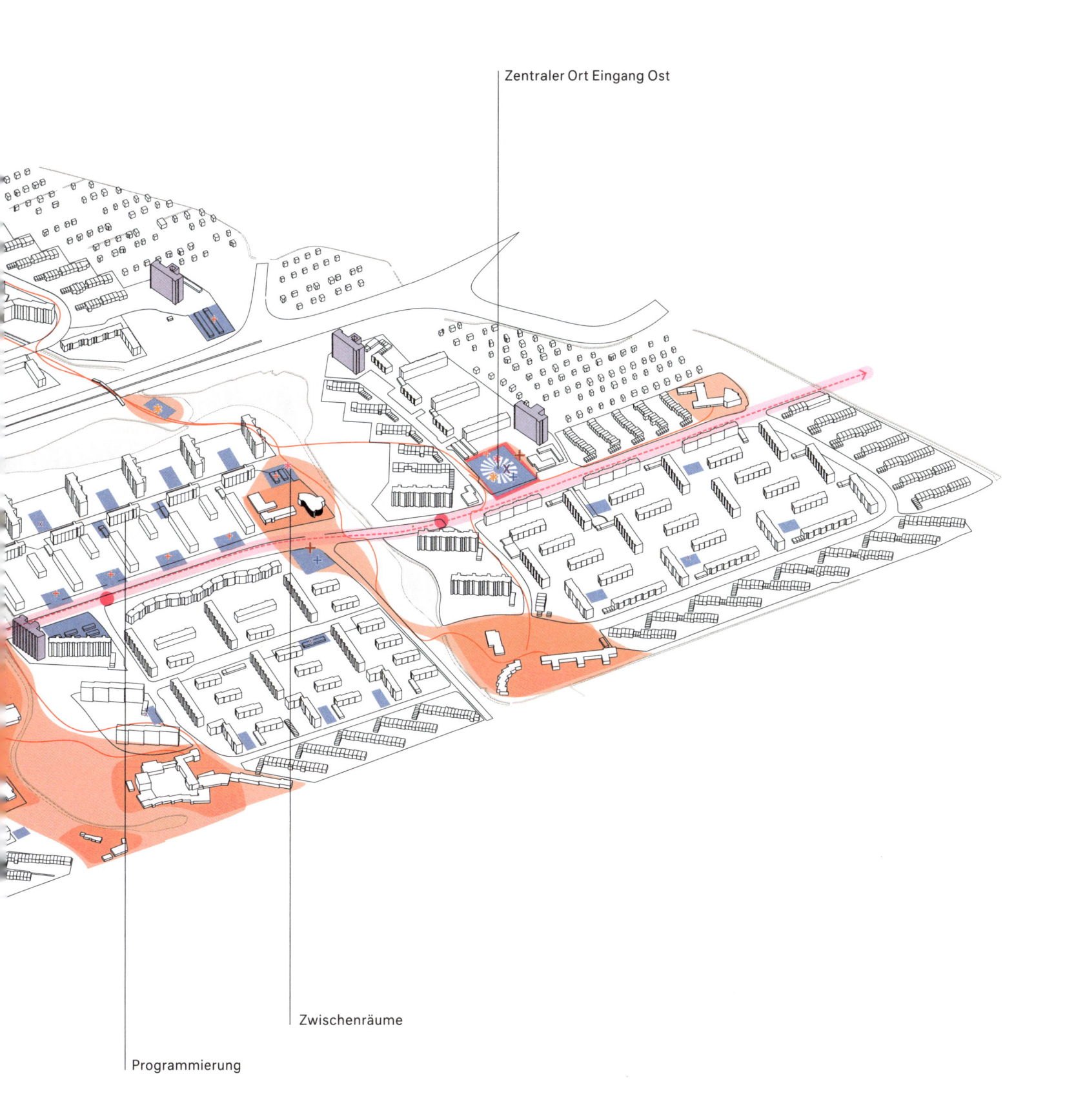

Zwischenräume

Programmierung

Die Ergebnisse – Stadt für Alle

# Potenzialorte

Ausgangspunkt der städtebaulichen Fortschreibung der Neuen Vahr in Verlängerung ihrer Urkonzeption ist die Identifizierung von Potenzialorten. Diese sind zum Beispiel heute untergenutzte Orte und Flächen, wie überdimensionierte Straßenräume, asphaltierte Flächen und Flachbauten, die weitergebaut oder abgebrochen und durch Neubauten ersetzt werden können. Überlagert mit Zentralitäten, Orten guter Erreichbarkeit und Alltagswegen werden Potenzialflächen und Orte besonderer Bedeutung, wie der östliche und westliche Eingang zur Neuen Vahr und die Berliner Freiheit, offenbar. Im Sinne der Stadt für Alle bieten diese in der gesamten Neuen Vahr vorhandenen Potenzialflächen die Chance, neue Nutzungen, wie Kinder- und Jugendeinrichtungen, Gemeinschaftsnutzungen, neue Wohnformen, ergänzende Orte der Arbeit und neue Mobilitäts-Lösungen einzubringen sowie Freiräume aufzuwerten.

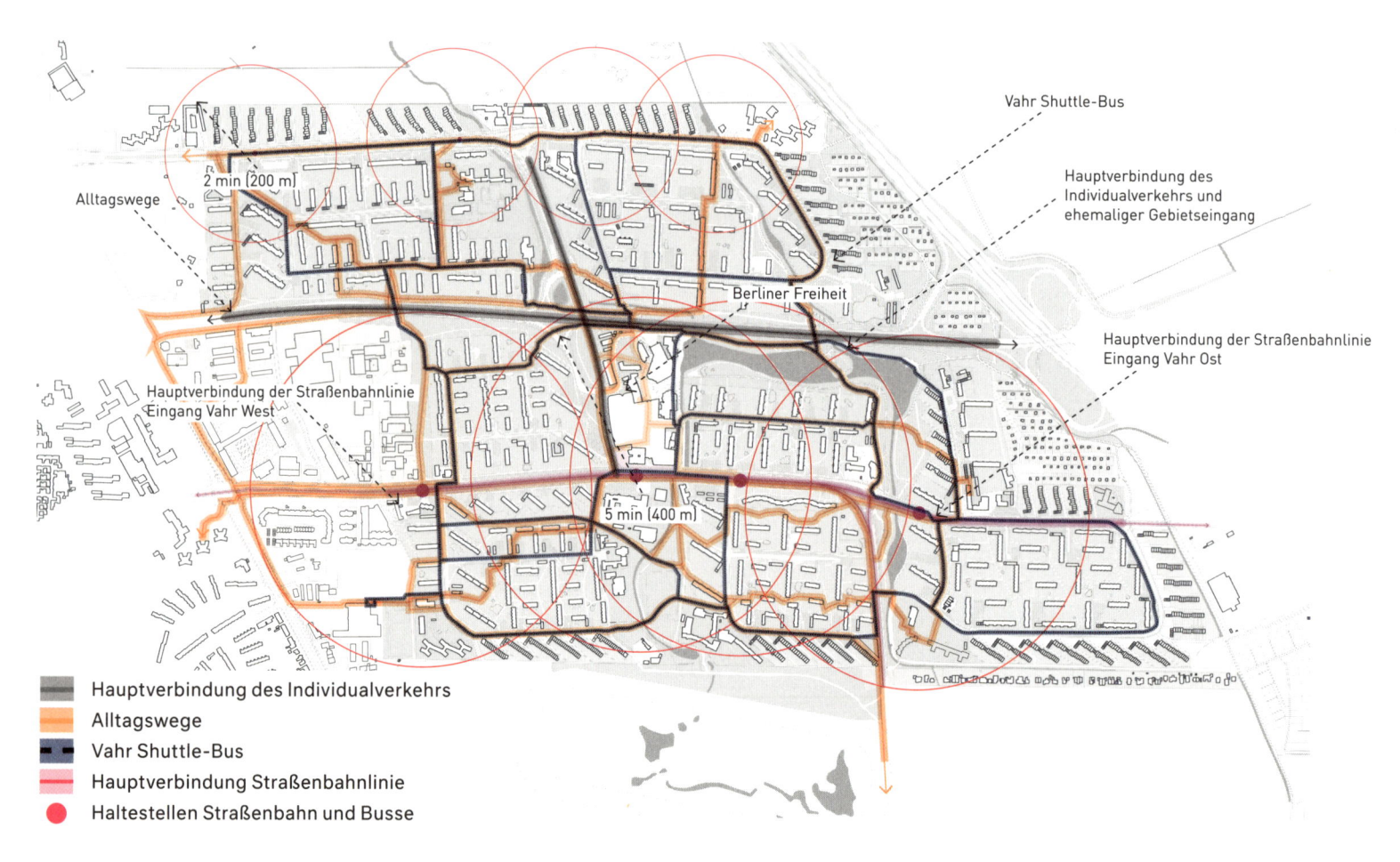

Erreichbarkeit, Alltagswege und Mobilität Vahr 2018

Überdimensionierte Straßenräume
Asphaltierte Flächen (Parkplätze)
Entwicklungspotenzial vorhandener Gebäude

Potenzialorte Neue Vahr 2018

Die Ergebnisse – Stadt für Alle

# Zentrale Orte

Aufgrund ihrer hervorragenden Erreichbarkeit, räumlich-architektonischen Qualitäten und zentrierenden Wirkung kristallisieren sich mit dem Eingang West und Ost und der Berliner Freiheit Orte hoher Bedeutung für die Vahr und Bremen heraus. Diese bieten ein großes Potenzial für neue, besondere Projekte und Mischnutzungen.

Die zukünftige Entwicklung dieser besonderen Orte bedarf sorgsamer Arbeit und geeigneter kooperativer Verfahren.

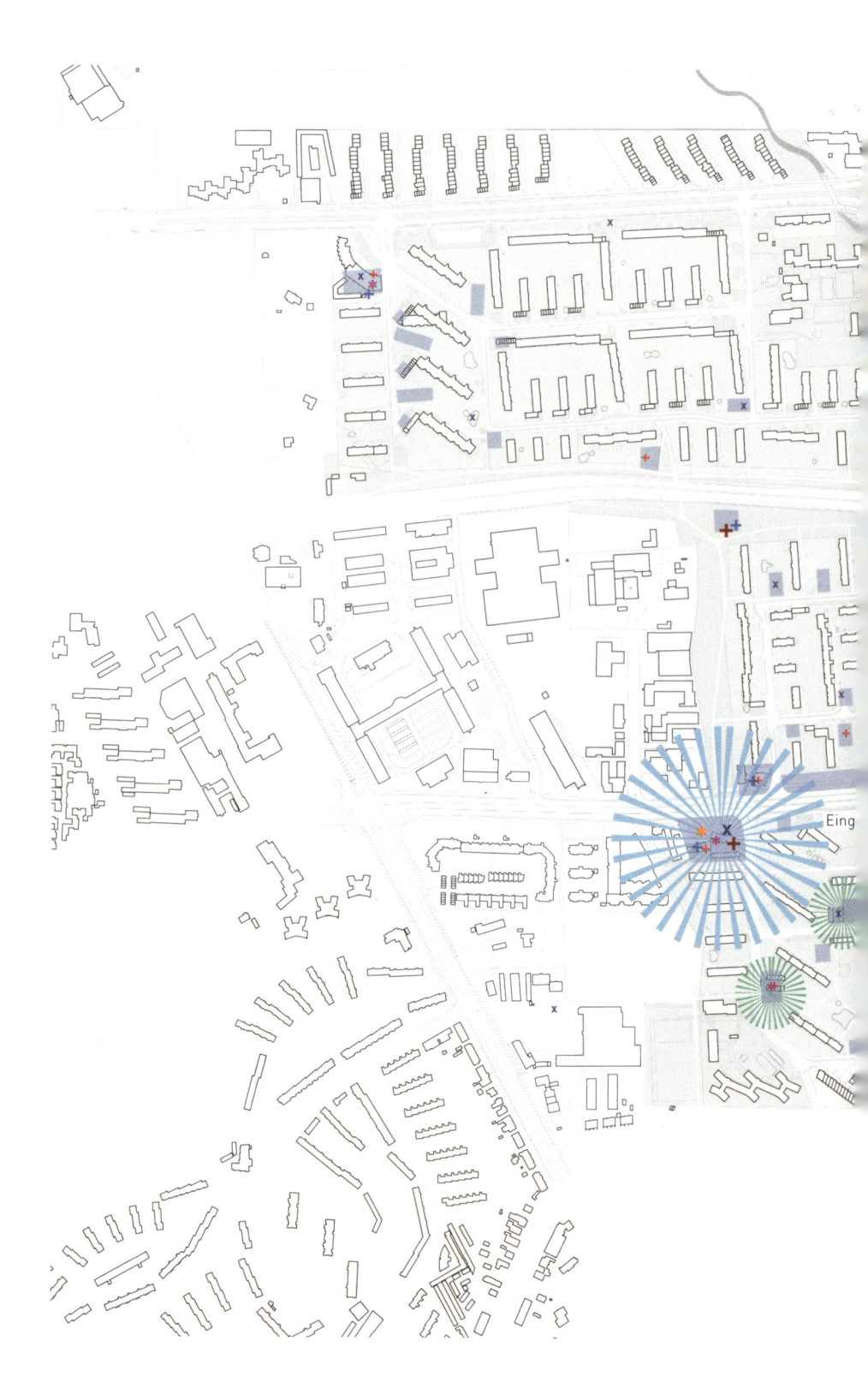

Interventionen Neue Vahr

| | Orte zentraler Bedeutung |
|---|---|
| | Starterprojekte in den Nachbarschaften |
| | Zu entwickelnde Potenzialflächen |
| + | Hohes Punkthaus |
| + | Niedriges Punkthaus |
| + | Arbeitsstandort |
| ✳ | Soziale Infrastruktur (Kita, Schule etc.) |
| ✳ | Nachbarschaftstreffs |
| x x X | Mobilitäts-Stationen (L, M, S) |

Berliner Freiheit

Eingang Ost

Die Ergebnisse – Stadt für Alle

# Zentrale Orte

Gemeinsam mit lokalen Experten wurden für die besonderen Orte der Vahr Potenziale wie eine bessere Erreichbarkeit der Straßenbahnhaltestellen, eine Aufwertung des Freiraums und Verminderung der Verkehrsbelastung sowie die Erweiterung um Funktionen wie Arbeiten, soziale Infrastrukturen und neue Wohnformen identifiziert.

An der Berliner Freiheit wird der Verkehr neu geordnet, so dass vor dem Aalto-Hochhaus ein neuer Stadtplatz mit hoher Aufenthaltsqualität entsteht.

Eine neue Wasserfläche spiegelt das Aalto-Hochhaus. Die Straßenbahnhaltestelle ist besser zu erreichen.

Das gesellschaftliche Zentrum der Neuen Vahr wird um einen Nachbarschaftstreff, eine Kita und andere Infrastrukturen ergänzt. Die flankierende Aufwertung der Freiräume macht perspektivisch eine punktweise Ergänzung dieses zentralen Bereichs der Neuen Vahr durch einzelne Wohnbauten vorstellbar.

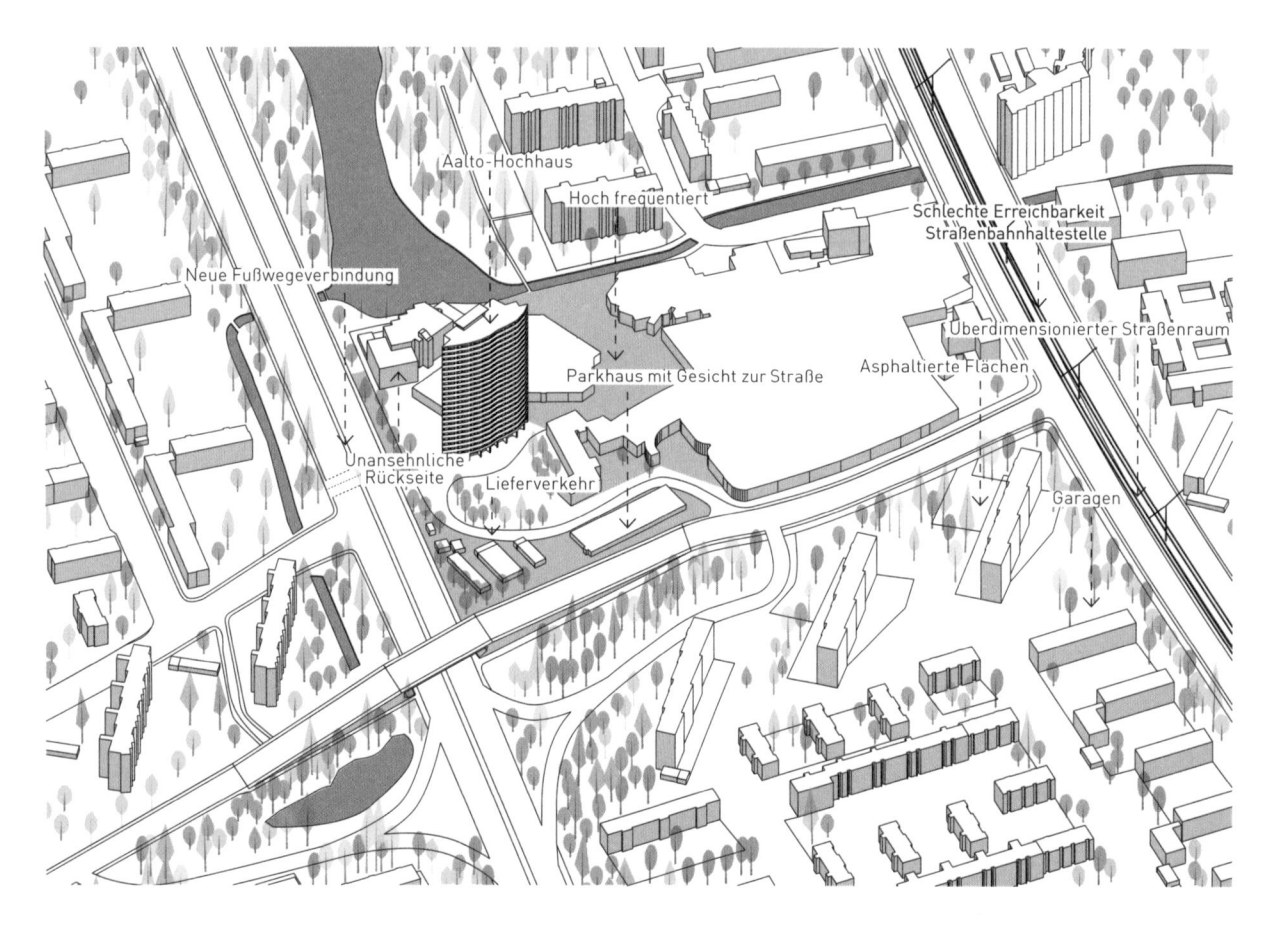

Berliner Freiheit (Ist-Situation)

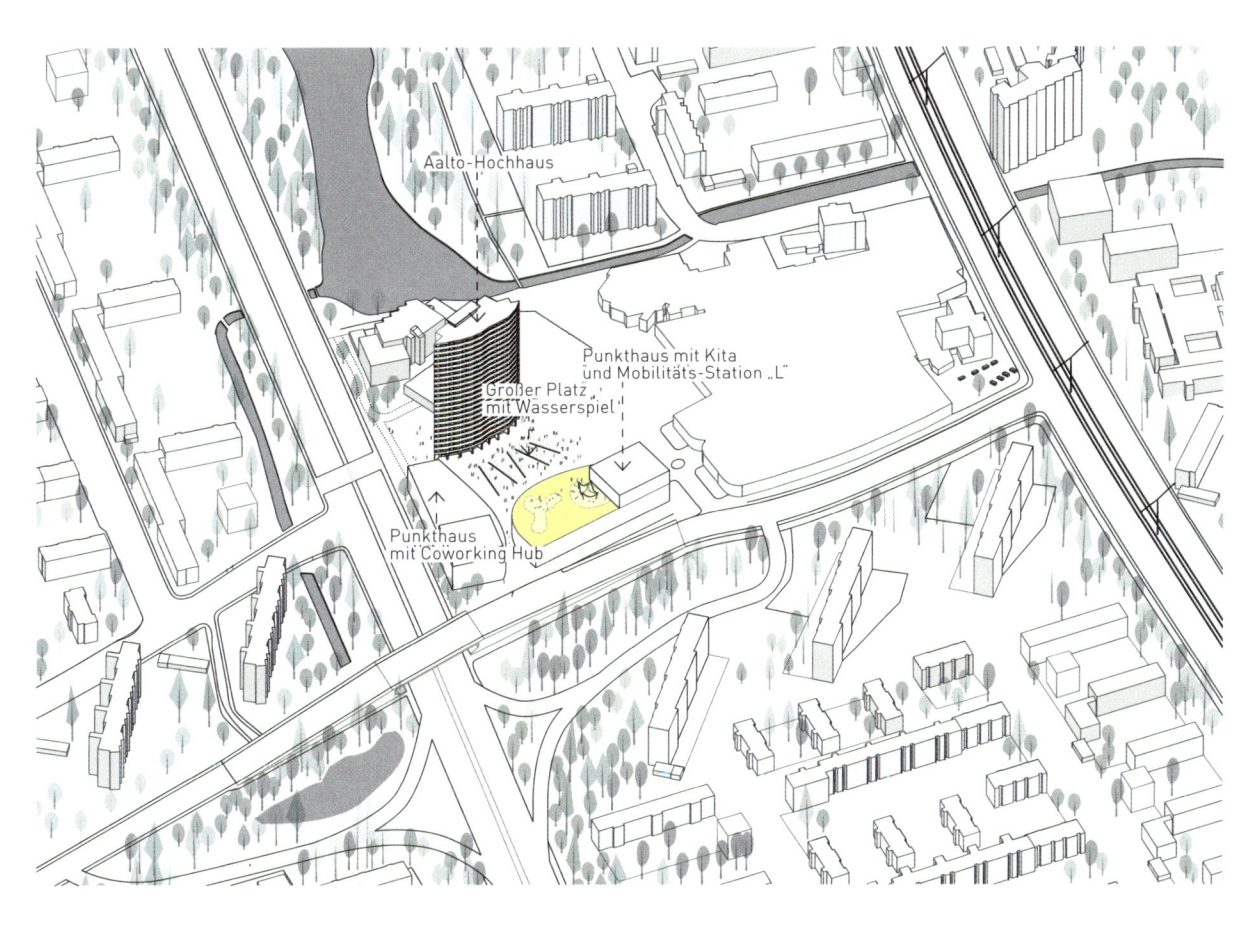

Berliner Freiheit (langfristige Transformation)

Die Ergebnisse – Stadt für Alle

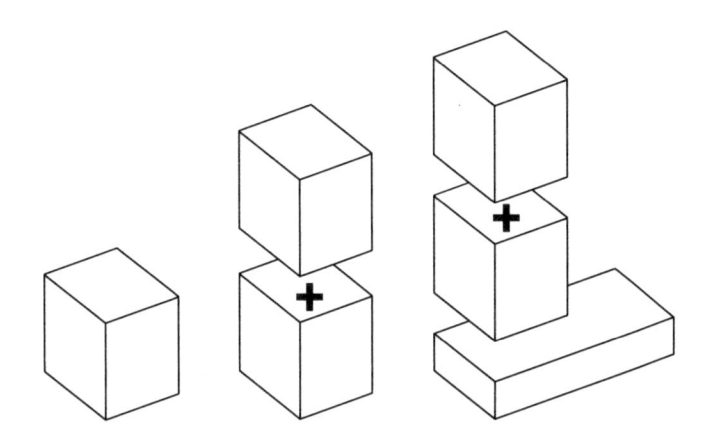

Variable Höhen und ortsspezifischer Sockel
mit programmatischer Ergänzung

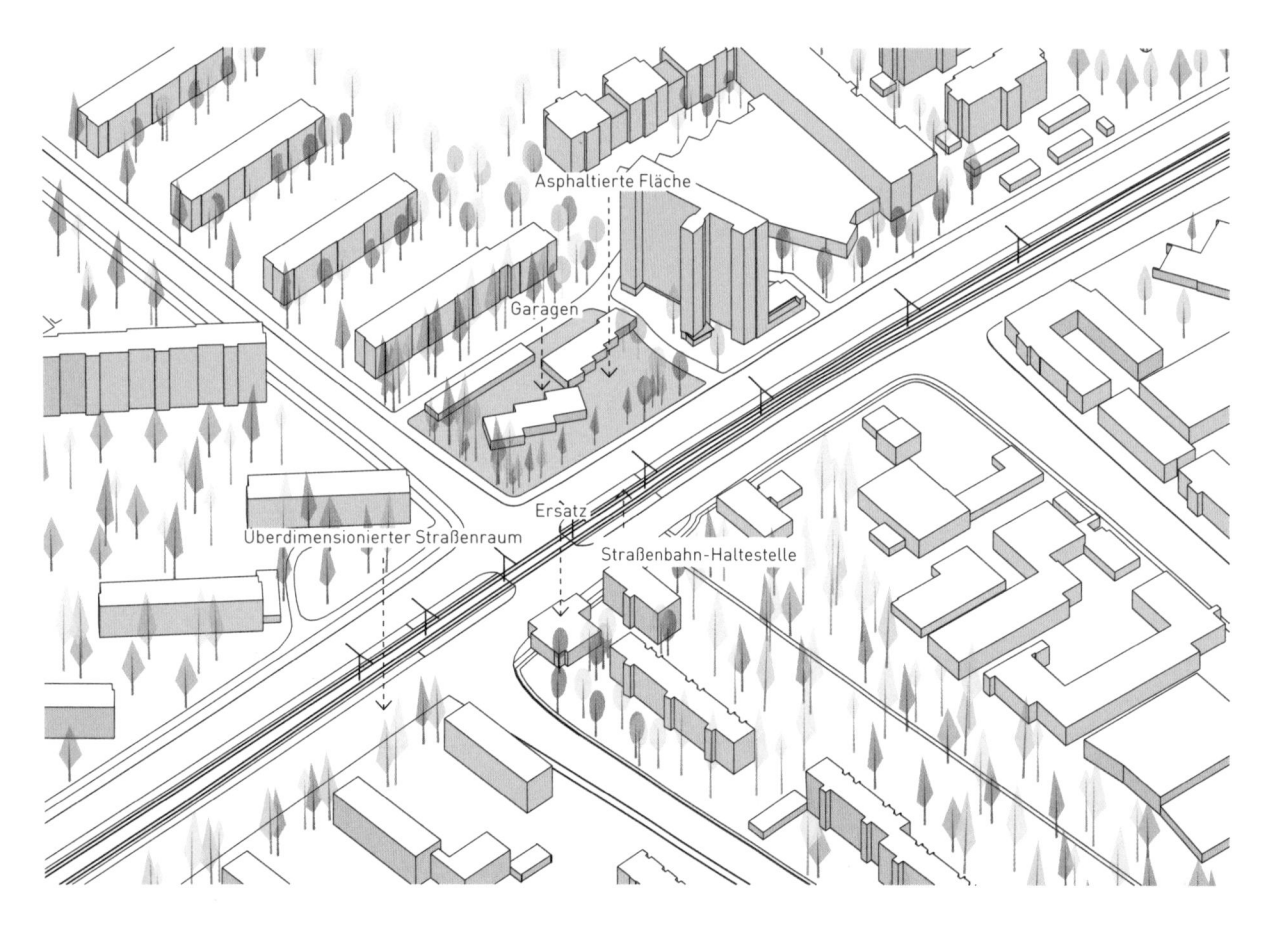

Eingang Vahr West (Ist-Situation)

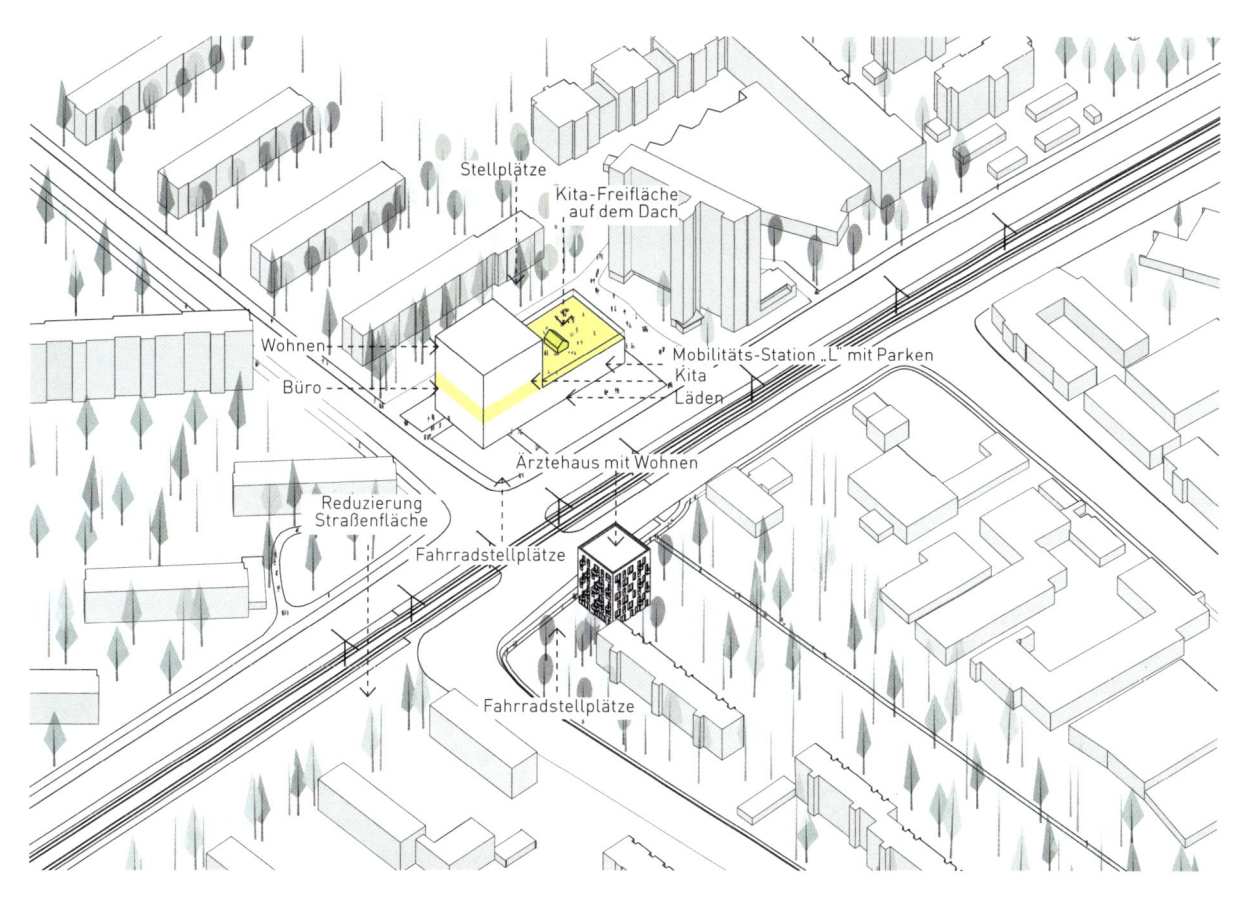

Eingang Vahr West (langfristige Transformation)

Die Ergebnisse – Stadt für Alle

# Innenentwicklung und Programmierung

Um der grünen, offenen Anmutung der Neuen Vahr gerecht zu werden und die Qualität bestehender Nachbarschaften zu heben, werden ergänzende Bauten, wie beispielsweise neue Wohnbauten, als Punkthaus-Typen entwickelt. Sie erweitern und diversifizieren das in der Neuen Vahr vorhandene Angebot an Wohnen und Arbeiten.

Ihr Sockel passt sich dabei den spezifischen funktionalen Bedürfnissen und räumlichen Gegebenheiten des Kontexts an und nimmt verschiedene öffentliche oder öffentlich zugängliche Einrichtungen auf. Gleichsam liegt hohes Augenmerk auf der Qualifizierung des Bestands an Wohnbauten und Freiräumen. Für verschiedene,

häufig in der Neuen Vahr vorkommende Wohnbau-Typen wurde erprobt, wie Barrierefreiheit und eine Diversifizierung des Wohnungsbestandes durch Umbau und Transformation zu ermöglichen ist. Durch solche und flankierende Maßnahmen lässt sich auch eine Belebung der Höfe zwischen den Häusern erwarten.

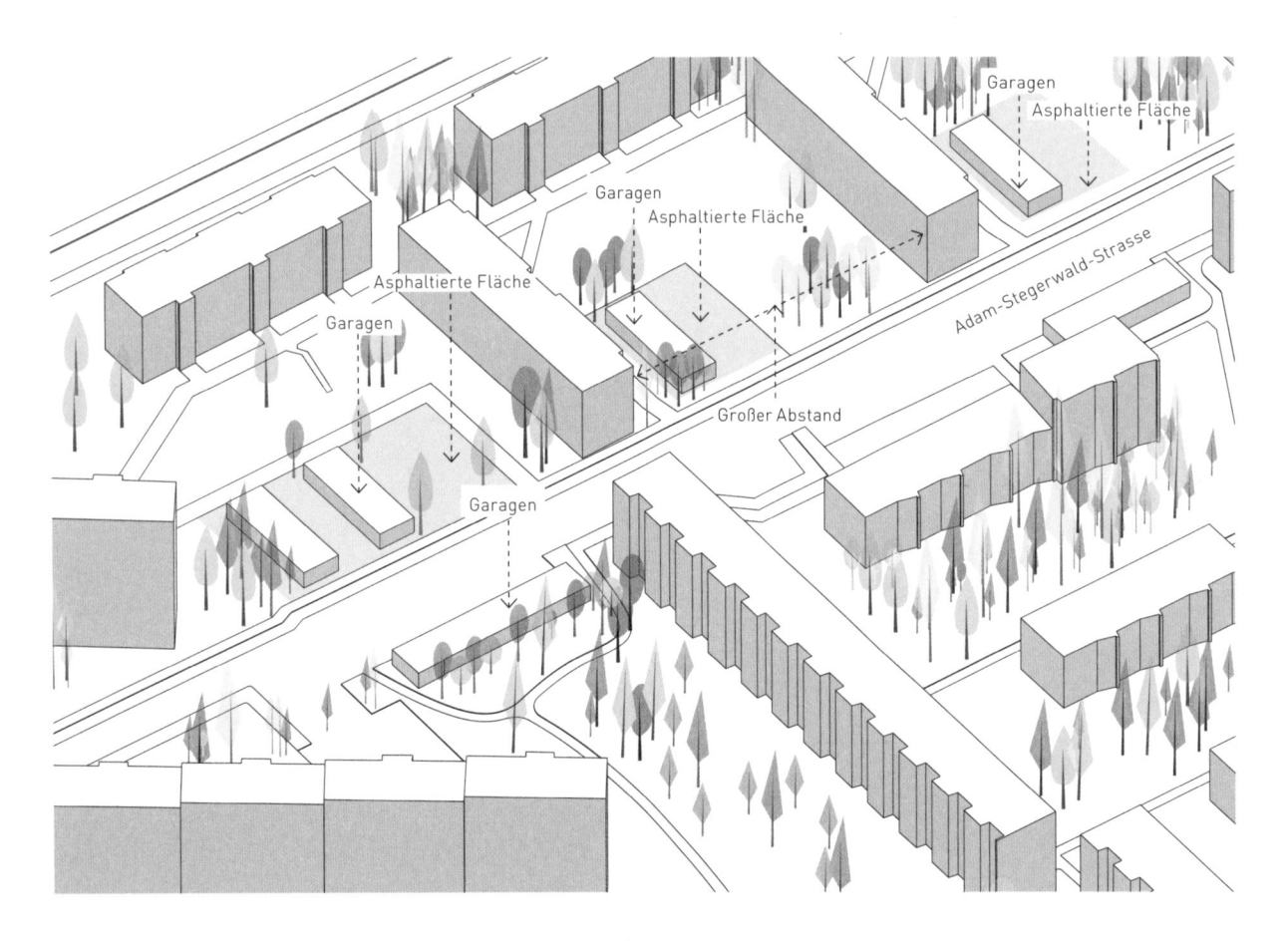

Beispiel für behutsame Innenentwicklung (Ist-Situation)

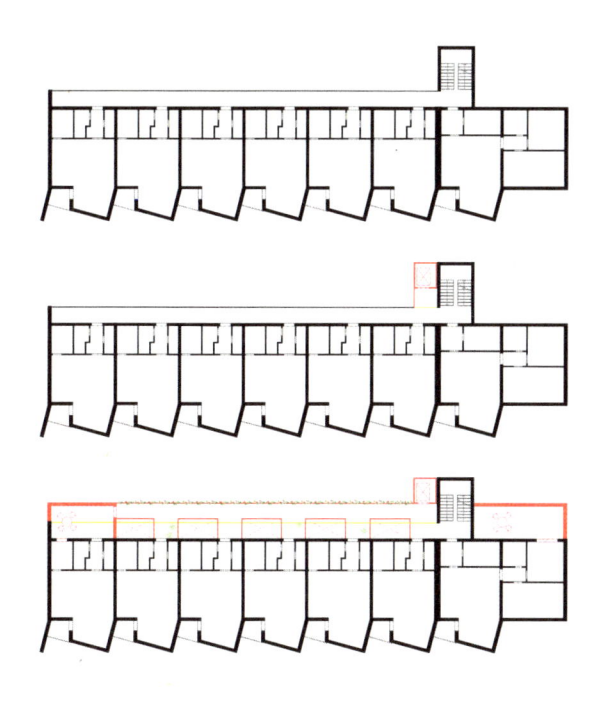

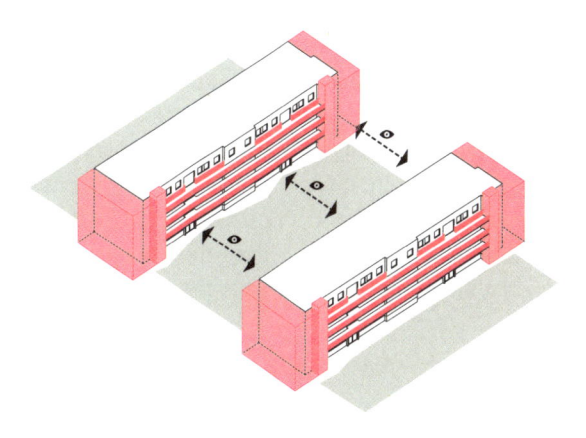

Umbau am Beispiel Stelzenhaus
Update 1: Barrierefreier Zugang durch Einbau eines Aufzugs
Update 2: Mehr Wohnraum

Umbau und Aktivierung der Zwischenräume

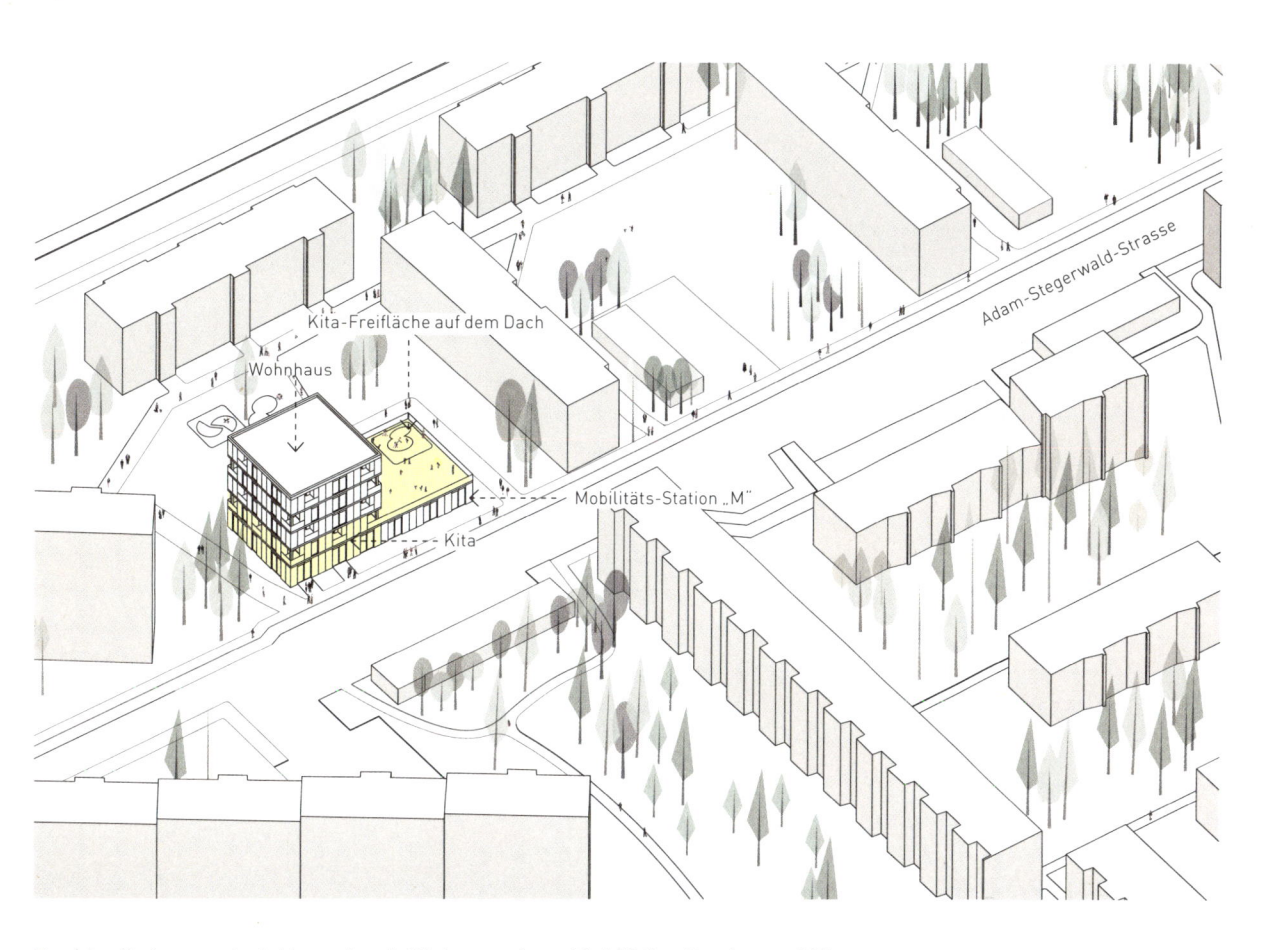

Punktuelle Innenentwicklung durch Wohnungsbau, Mobilitäts-Station und Kita

131

Die Ergebnisse – Stadt für Alle

# Zwischenräume

Ein starker Fokus der Untersuchungen liegt im Ausbau der sozialen Infrastruktur. Im Sinne der Urkonzeption liegen auch zukünftige soziale Einrichtungen, aber auch Einrichtungen der Nahversorgung, des Co-Workings und Nachbarschaftstreffs am Freiraumsystem, so dass Synergien zwischen Alt und Neu entstehen und die unterschiedlichen Nachbarschaften noch besser miteinander vernetzt werden. Kitas sind als Solitäre am Park, integriert in ein Punkthaus oder in Kombination mit einer Mobilitäts-Station denkbar. Einzelne Einrichtungen liegen aber auch dezentral in den Nachbarschaften. Schnell umsetzbare Starter-Projekte reagieren dabei unmittelbar auf lokale Bedürfnisse, beispielsweise an barrierefreien Wohnungen und Kitas.

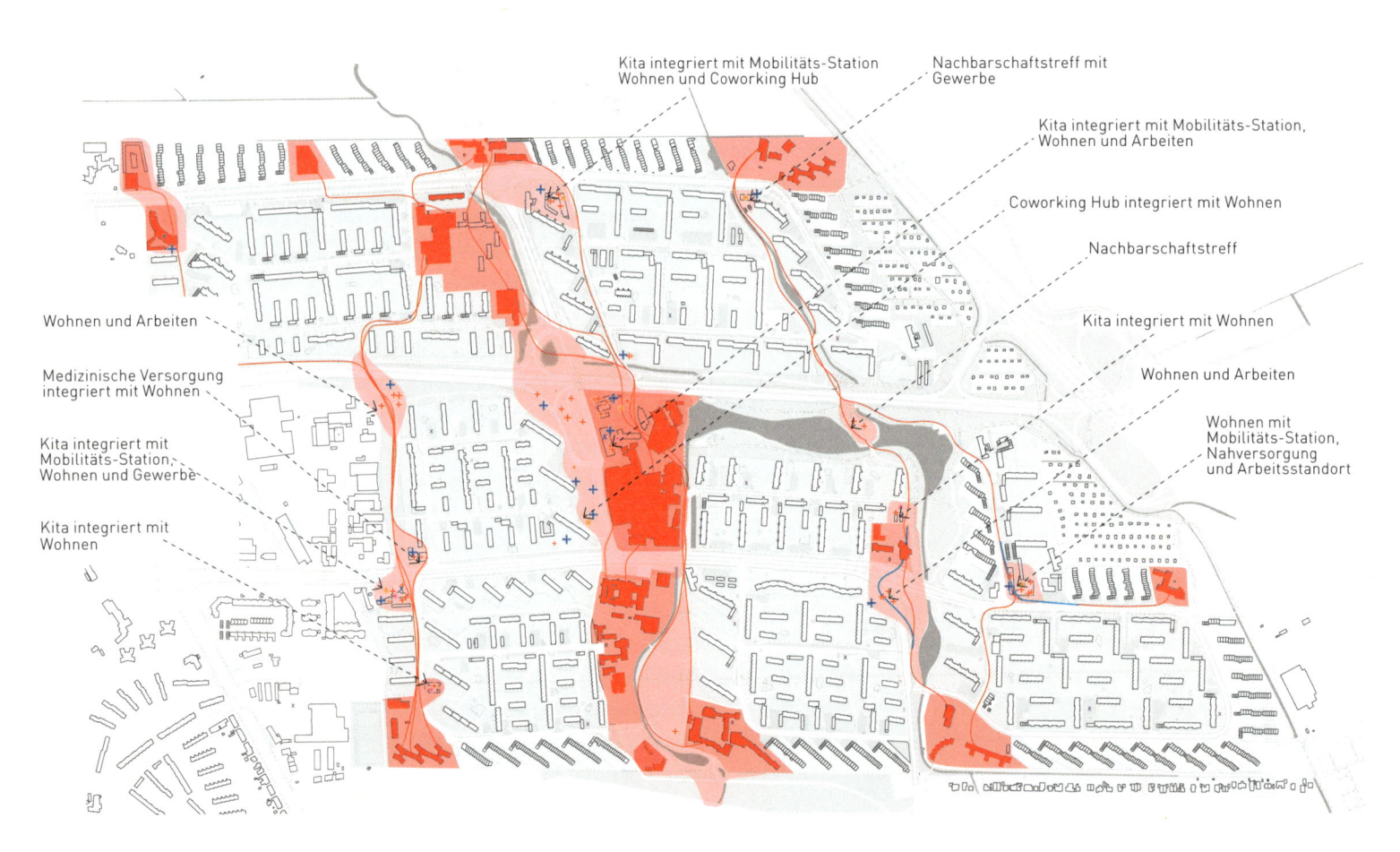

Möglicher Ausbau der sozialen Infrastruktur und Integration von Arbeitsstandorten an zenralen Potenzialorten

Kita als Solitär-  
gebäude im Park

Kita in ein hohes  
Punkthaus integriert

Kita auf dem Dach  
einer Mobilitäts-Station

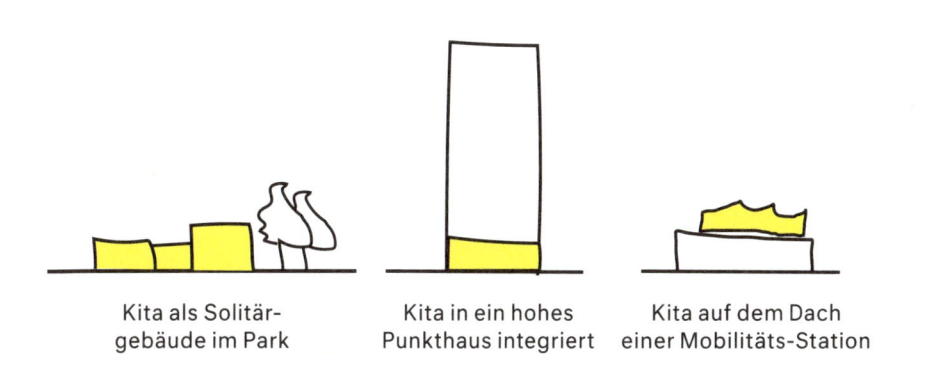

Punktuelle Innenentwicklung durch Wohnungsbau mit integrierter Kita

Einordnung

# Rückschau und Ausblick

Bernd Hunger

Das Werkstattverfahren hat bestätigt, dass der für die Neue Vahr kennzeichnende Typus der aufgelockerten Stadtlandschaft erstaunlich zukunftsfähig ist.

Das Verfahren war von außen betrachtet in mehrerlei Hinsicht bemerkenswert. Im Hinblick auf die Prozessqualität war es zielführend, sich in mehreren Schritten einem Leitbild für die Entwicklung dieses in vielfacher Hinsicht besonderen Stadtteils anzunähern. Die Folge von drei Werkstätten (Auftakt, Zwischenpräsentation, Ergebnisdiskussion) war vor allem deshalb erfolgreich, weil nicht im stillen Kämmerlein gearbeitet wurde, sondern viele Vertreter der Stadtverwaltung ebenso wie der Bürgerschaft und der GEWOBA aktiv beteiligt waren. Das den Werkstätten vorgeschaltete Beteiligungsverfahren mit Milieuanalysen, Befragungen, Gesprächen und einem Bürgerworkshop hat die Einschätzungen der Bewohner zu ihrem Wohnumfeld verdeutlicht. Die Kenntnis der Stärken und Schwächen aus Bewohnersicht war für die beauftragten Büros eine wichtige Plattform für die Ausarbeitung ihrer Planungsvarianten. Der Komplexität der Aufgabe entsprach die Entscheidung, ein interdisziplinäres Team aus drei Büros zu beauftragen, das die Aspekte des Städtebaus, des Verkehrs und der Freiraumplanung aus jeweils spezifischer fachlicher Sicht miteinander abstimmen konnte. Zusätzlich hat die Entscheidung für eine externe Moderation ebenso wie das Hinzuziehen externer Experten wertvolle Anregungen gegeben und Sicherheit über die Plausibilität der vorgeschlagenen Planungskonzepte bewirkt.

Die Neue Vahr ist ein besonderes Wohngebiet. Geplant von Leitpersönlichkeiten der Stadtplanung wie Ernst May und Hans Bernhard Reichow, hat das Gebiet Maßstäbe für den Siedlungsbau der 1960er Jahre gesetzt. Die hohe Qualität der Ursprungsplanung – die feinsinnige und eher zurückhaltend gestaltete Architektur, das an die Neighbourhood-Idee angelehnte Quartierskonzept sowie das subtile Freiraum- und Erschließungssystem – ist noch heute ablesbar und hat bewirkt, dass die räumliche Struktur der Nachbarschaften über Jahrzehnte weitgehend unverändert geblieben ist. Dem hohen Niveau der Ursprungsplanung ist das Verfahren dadurch gerecht geworden, dass es sich dem Bestand mit Respekt genähert hat. Anstelle des mancherorts beobachtbaren „Gegen-Arbeitens" – gegen das vermeintlich von Missständen gekennzeichnete, defizitäre Vorgefundene – haben alle Beteiligten mit Empathie die vorhandenen Stärken der Raumstruktur aufgegriffen, zum Beispiel das Nachbarschaftskonzept und die vorhandenen Gestaltqualitäten. Es ging nicht um das grundhafte „Ummodeln" des Gebietes, sondern um seine behutsame Anpassung an neue Bedürfnisse. Respekt vor dem Bestand ist nicht nur räumlich, sondern auch sozial notwendig. Dazu gehört vor allem, die Interessen der vorhandenen Bevölkerung zu berücksichtigen und bei Überlegungen zum ergänzenden Wohnungsbau oder zur sozialen Infrastruktur möglichst mit den Interessen der Stadt als Ganzem in Einklang zu bringen. Das Austarieren der Interessen der vorhandenen Nachbarschaften mit dem gesamtstädtischen Interesse ist ein zentrales Thema der weiteren Leitbildentwicklung. Dabei wird unter anderem die Frage nach dem Maß an verträglicher Dichte durch ergänzendes Bauen zu beantworten sein.

Das Werkstattverfahren hat bestätigt, dass der für die Neue Vahr kennzeichnende Typus der aufgelockerten Stadtlandschaft erstaunlich zukunftsfähig ist. Egal ob es um neue Formen der Mobilität oder um die Digitalisierung geht: es ist von Vorteil, dass im Unterschied zu innerstädtischen Gebieten mit kleinteiliger Eigentümer- und Interessenstruktur komplexe Lösungen auf Quartiersebene durch ein leistungsfähiges Wohnungsunternehmen möglich sind. Die durchgrünte Struktur des Stadtteils kommt Belangen des Klimaschutzes entgegen. Die aufgelockerte Bebauung bietet Fläche für neue Nutzungen. Kurzum: die Neue Vahr ist ein Beispiel dafür, dass die als vermeintlicher Dinosaurier belächelte städtebauliche Struktur zukunftsfähig ist und der Typus Großsiedlung vielleicht sogar zum Vorreiter für zukünftige Entwicklungen, zum Beispiel im Bereich der Mobilität oder der nachbarschaftlichen Nutzung von Infrastruktur, werden kann.

Nach dem Verfahren ist vor dem Verfahren. Die weitere Arbeit am Leitbild und seiner baulichen Konkretisierung wird sich mit folgenden Themen beschäftigen müssen: Nicht alle Grundstücks- und Immobilieneigentümer waren in die Werkstattfolge eingebunden. In der weiteren Kommunikation wäre es zielführend, weitere Akteure einzubeziehen, Interessenunterschiede weiter zu diskutieren und möglichst zu einvernehmlichen Auffassungen über die wünschenswerte zukünftige Entwicklung der Neuen Vahr als Ganzes zu kommen.

Darüber hinaus werden die Belegungspolitik und die soziale Organisation der Nachbarschaften für die Zukunft der Neuen Vahr vielleicht noch mehr als bisher von Bedeutung sein als die anstehende teilweise räumliche Neuorganisation. Zu bedenken ist, dass Siedlungen wie die Neue Vahr für eine sozial und kulturell relativ homogene Bevölkerung gebaut wurden. Es ging um das Wohnen für breite Schichten mit ähnlichem Lebensstil und sozialer Lage. Angesichts der sozialen und kulturellen Polarisierung der Stadtgesellschaft werden sozialer Frieden und Vertrauen in den Nachbarschaften ebenso wie Sicherheit und Kontrollierbarkeit der offenen Stadtlandschaft an Bedeutung gewinnen. Der Typus der großen Wohnsiedlung der Moderne ist das Produkt einer technologisch und ökonomisch durchrationalisierten Gesellschaft. Er bietet verglichen mit anderen städtebaulichen Typologien nur begrenzten Raum für informelle Ökonomien, für Nischen, für organisches Wachstum. Seine räumliche Organisation ist anfälliger für soziale oder kulturelle Konflikte als dispersere Stadtquartiere. Er ist ein Baustein im Mosaik unterschiedlicher Wohnmilieus einer Großstadt mit zukunftsfähigen Stärken. Aber auch die Grenzen seiner Belastbarkeit sind zu berücksichtigen, um Überforderungen seiner Raum- und Sozialstruktur zu vermeiden.

Einordnung

# Denkmal Neue Vahr?

Hans-Rudolf Meier

Der Neuen Vahr kommt – unabhängig von ihrem denkmalrechtlichen Status – gerade durch den hier dokumentierten Planungsprozess Bedeutung zu; vergleichbar mit jenen Objekten, die andernorts auf Tentativlisten gesetzt werden, ist sie, ohne (schon) Denkmal zu sein, im Blick der aktuellen Debatte um Denkmalwürdigkeit und Denkmalfähigkeit der Wohnsiedlungen der Nachkriegsmoderne.

Die Neue Vahr ist als Ganzes kein Denkmal im Sinne des Bremer Denkmalschutzgesetzes; nur das 22-geschossige Wohnhochhaus, das 1959–62 nach Plänen des finnischen Architekten Alvar Aalto errichtet wurde, und die gleichzeitig von Theo Burlage und Bernhard Nienbuer gebaute katholische Hedwigs-Kirche sind gelistete Denkmale. Sich heute mit einer Siedlung wie der Neuen Vahr zu beschäftigen, die inzwischen rund 60 Jahre alt ist und in dieser Zeit zwar immer wieder Anpassungen erfahren hat, aber doch das ursprüngliche Gesamtkonzept nicht nur in der Struktur, sondern auch in der Substanz noch weitgehend erkennen lässt, bedingt die Frage nach ihrer Denkmalwürdigkeit und Denkmalfähigkeit.[1] (Abb. 1) Denn aktuell beschäftigt sich die Denkmalpflege in der Bundesrepublik und darüber hinaus sehr intensiv denkmalkundlich mit dem Baubestand der Nachkriegsmoderne, also mit dem, was in den 1950er bis 1980er Jahren geplant und gebaut wurde und mehr als die Hälfte des heute existierenden Baubestands ausmacht. Sanierungsbedarf aufgrund des Lebenszyklus', die Energiewende, gesteigerte Renditeerwartungen und veränderte Wohnansprüche führen zu einem großen Veränderungsdruck auf diese Zeugnisse der jüngeren Vergangenheit. Hinzu kommt das teilweise schlechte Image der Architektur dieser Zeit: Seit der Krise der Moderne in den späten 1960er und frühen 1970er Jahren gehört die Kritik am „Bauwirtschaftsfunktionalismus", an der funktionsgetrennten Stadt – zu welcher der Siedlungsbau gehört –, an „Wohnsilos" und an der „Unwirtlichkeit der Städte" zum Grundbestand der Modernekritik.

Tatsächlich sind einige Siedlungen zu sozialen Brennpunkten geworden, sind manche Bauten schlecht ausgeführt, oft mangelt es am Unterhalt, und nicht selten sind die für die Siedlungsarchitektur mit konstituierenden Freiflächen vernachlässigt oder zugebaut. Daraus resultiert, dass die Architektur dieser Zeit für viele Menschen Repräsentant enttäuschter Erwartungen ist, da die Versprechungen der Planungszeit nicht erfüllt wurden. Und schließlich neigt der Mensch bekanntlich dazu, die Errungenschaften der Vätergeneration stets besonders ausgeprägt zu kritisieren. Das alles hat zum schlechten Ruf der Architektur der Nachkriegszeit beigetragen.

Inzwischen ist zwar eine jüngere Generation ohne diese Aversionen herangewachsen und wir haben gelernt, die Qualitäten der Architektur und Planungen der jüngeren Zeit sowie der damit verbundenen sozialen Zielsetzungen und Bemühungen zu erkennen. Dennoch müssen die Maßstäbe zur gültigen Bewertung erst gebildet und erprobt werden. Angesichts des großen Bestandsvolumens ist es ein Wettlauf gegen die Zeit, ob es gelingt, wichtige Teile dieser so grundlegenden Epoche unserer jüngsten Geschichte zu bewerten und im Bewusstsein der Gesellschaft zu verankern, bevor diese Zeugnisse ersetzt oder zur Unkenntlichkeit verändert sind.[2] Zu recht bezeichnet es Winfried Lipp als notwendige „Mammutaufgabe", unter erheblichem Zeitdruck die Massen an Bauten dieser Zeit zu inventarisieren und dabei Differenzen, Typisches und Prototypisches aufzuspüren, nicht bloß Exotisches, Einmaliges und Außergewöhnliches.[3]

Damit ist einleitend der aktuelle Kontext skizziert, vor dem die Bedeutung der Neuen Vahr für das bauliche Erbe der Nachkriegsmoderne zu diskutieren ist. Rasch wird deutlich, dass die wohl größten der oben genannten Probleme für die Neue Vahr nicht zutreffen: Sie hat – wie manch andere Siedlung der Zeit, die von außen negativer gesehen wurde als von ihren Bewohnern – ihr Image-Problem überwunden. Heute würde sie wohl niemand mehr als „Denkmal edler Einfalt" bezeichnen, wie dies noch 2001 der Fall war,[4] und sie ist in einem sehr guten Zustand. Zwar sind die zwischenzeitlich erfolgten Zu- und Neubauten insbesondere im Quartierzentrum an der „Berliner Freiheit" nicht immer von angemessener Qualität, so dass diese nachträglichen Hinzufügungen längerfristig durch qualitätvollere Ersatzneubauten abzulösen sein werden. Und auch Wohnbauten in der Neuen Vahr haben mit der zeittypischen schlechten Ausführungsqualität zu kämpfen: ausgerechnet die Fassade des prestigeträchtigen denkmalgeschützten Aalto-Hochhauses erlitt aufgrund einer fehlerhaften Bauausführung, die zur Korrosion der Betonbewehrung führte, größere Substanzverluste.[5] Energetische Sanierungen und veränderte Wohnformen fordern überdies ihren Tribut. Aber dank kontinuierlicher Pflege ist die Bausubstanz insgesamt gut und die Siedlungsstruktur intakt. Die von Karl August Orf geplanten Freiflächen haben sich, wie seinerzeit intendiert, von Abstandsflächen zu einem Grünzug von hoher Qualität entwickelt. Hier zeigen sich die großen Vorteile einer permanenten Pflege; es sind die Mitarbeiter der GEWOBA, die dafür verantwortlich sind und die das Wohl der Siedlung als Ganzes im Auge haben. Entsprechend ist, wie an den Werk-

Einordnung

Vogelperspektive auf die Neue Vahr von Süd-Westen (Abb.1)

stattgesprächen zur Zukunft der Vahr diskutiert worden ist, die Qualifizierung des Grünzugs als Garten- und Parkdenkmal zu erwägen (Abb. 2). Fragt man nach Denkmalwerten der Neuen Vahr als Gesamtensemble, ist vorweg zu bemerken, dass Bremen neben Baden-Württemberg das einzige Bundesland ist, das in seinem Denkmalgesetz die städtebauliche Bedeutung nicht unter den Erhaltungsbegründungen für Denkmale aufführt. Kulturdenkmäler sind gemäß § 2 des Bremer Gesetzes zur Pflege und zum Schutz der Kulturdenkmäler (DSchG) unter anderem (1.2) „Gruppen unbeweglicher Denkmäler und Gesamtanlagen (Ensembles) (...), deren Erhaltung aus wissenschaftlichen, künstlerischen, technik- oder heimatgeschichtlichen Gründen im öffentlichen Interesse liegt".[6]

Während beim Aalto-Hochhaus als einem von nur zwei Wohngebäuden in der Bundesrepublik des herausragenden finnischen Architekten die hohe künstlerische Bedeutung aufgrund der Grundrisse sowie der Ausrichtung aller Wohnungen zur Feierabendsonne evident ist, wäre bei der Neuen Vahr als Siedlung anders zu argumentieren. Gewiss war mit Ernst May auch ein weltbekannter und weltweit tätiger Architekt an den Siedlungsplanungen beteiligt. May ist aber nicht berühmt als Baukünstler, sondern als Pionier des Siedlungsbaus mit wichtigen Werken in Breslau/Wroclaw, in Frankfurt am Main, wo er Stadtbaurat war, in der ehemaligen Sowjetunion und nach dem Zweiten Weltkrieg als Planer für die Neue Heimat unter anderem in Hamburg.[7] Zwar ist der städtebaulichen Figur der Neuen Vahr als hauptsächlich in Zeilenbauweise errichteter Großwohnsiedlung mit Stadtteilzentrum, das von der Dominanten eines Wohnhochhauses akzentuiert wird (Abb. 3), eine künstlerische Bedeutung nicht abzusprechen. Wichtiger ist aber ihre sozialhistorische und damit – nach dem Buchstaben

Blick vom Hochhaus auf die Parklandschaft um den Vahrer See (Abb. 2)

des Gesetzes – heimatgeschichtliche Bedeutung, eine Siedlung mit 11.800 Wohnungen für 30.000 Menschen geschaffen zu haben, um die Wohnungsnot der Nachkriegszeit zu lindern. Hinzu kommt die wissenschaftliche und technikgeschichtliche Bedeutung, denn ein weiterer der planenden Architekten, Hans Bernhard Reichow, verfasste gerade in der Zeit, in der die Neue Vahr entstand, das vieldiskutierte Buch „Die autogerechte Stadt" in der er für Entflechtung der Verkehrsflüsse plädierte[8] – und übrigens nicht so sehr dafür, dem freien Autoverkehr sämtliche Hindernisse aus dem Weg zu räumen, wie das Prinzip dann seit der Kritik der 1970er Jahre missverstanden wurde. Die Neue Vahr kann folglich als Exempel dieses umstrittenen, aber für die Planungsgeschichte der zweiten Hälfte des 20. Jahrhunderts außerordentlich wichtigen Werks und Konzepts verstanden werden. Schließlich sind im Zusammenhang mit möglichen Denkmalwerten die beiden Nummern der „Mo-

natshefte für neuzeitlichen Wohnungsbau" hinzuzuziehen, in denen die Neue Heimat 1956 und 1957 ihr „Großprojekt Bremen-Vahr" vorstellte.[9] Diese Darstellungen sind deshalb wichtig, weil sich die Denkmalkunde angesichts des immensen Baubestands heute meistens auf die Auswertung zeitgenössischer Publikationen stützt, aber „gerade Siedlungen der 1950er bis 1980er Jahre, bei denen städtebauliche oder sozialgeschichtliche Aspekte für die Denkmalbedeutung ausschlaggebend sind, [...] in der einschlägigen Fachpresse häufig nicht publiziert" wurden.[10] Im Fall der Neuen Vahr wird das durch das Gesellschaftsorgan kompensiert, dessen Hefte, die einen optimistischen Fortschrittsglauben ausstrahlen, wichtige Zeitzeugnisse sind (Abb. 4). An der Darstellung der damaligen Intentionen sind heute Erfolg und Scheitern in der Langzeitperspektive überprüfbar. So wird deutlich, dass die Neue Vahr ein wichtiges Zeugnis und Beispiel dafür ist, dass bei klugem

Einordnung

Blick von Südwesten auf das Aalto-Hochhaus (Abb. 3)

Umgang mit solchen Siedlungen diese auch dann noch einen hohen Nutzwert haben, wenn das zugrunde gelegte Planungskonzept sich längst als überholt und obsolet erwiesen hat.

Soll, beziehungsweise müsste die Neue Vahr also zum Denkmal erklärt werden? Dank der Umsicht der GEWOBA hat die Siedlung ihre Denkmalwertigkeit bisher auch ohne gesetzlichen Denkmalschutz bewahrt. Dass dies nicht nur ein glücklicher Zufall ist, zeigt der laufende Planungsprozess: Er ist in mehrfacher Hinsicht so vorbildlich, dass man auch aus denkmalpflegerischer Perspektive für die nähere Zukunft zuversichtlich sein kann. Es besteht daher momentan kein Handlungsdruck für die Denkmalpflege, die in diesem Fall vorerst von ihrer „Selektionsverantwortung" entlastet ist, in der sie bei der Bewertung der baulichen Hinterlassenschaft der Spätmoderne steht.[11] Denn anders als bei Gebäuden aus anderen Epochen kann sie sich nicht an einem abgesicherten Kanon orientieren, sondern trägt durch ihre Selektion selber zu einem solchen bei. Die Neue Vahr muss sich vorerst nicht dieser denkmalkundlichen Selektion stellen, ist man doch daran, durch die in Planung befindliche behutsame Weiterentwicklung ihre Qualitäten auch ohne expliziten Schutzstatus zukünftig zu bewahren. Erhaltungs- und Gestaltungssatzungen könnten diese Zielsetzungen planungsrechtlich unterstützen.

In der aktuellen Debatte kommt der Neuen Vahr – unabhängig von ihrem denkmalrechtlichen Status – gerade durch diesen Planungsprozess Bedeutung zu; vergleichbar mit jenen Objekten, die andernorts auf die Tentativliste gesetzt sind, ist sie, ohne (schon) Denkmal zu sein, im Blick der aktuellen Debatte um Denkmalwürdigkeit und Denkmalfähigkeit der Wohnsiedlungen der Nachkriegsmoderne.

„Zukunftsbild des neuen Bremer Stadtteils" in einer Skizze von 1956 (Abb. 4)

1 Dazu schon Schöß, Susanne: „Monumente des Nachkriegs-Städtebaus: die Großsiedlungen in der Vahr". In: *Denkmalpflege in Bremen*, Heft 8, Bremen 2011, S. 107–119

2 Eckart, Frank et al. (Hg.): *Welche Denkmale welcher Moderne? Zum Umgang mit Bauten der 1960er und 1970er Jahre*. Berlin 2017

3 Lipp, Wilfried: „Von der Zeitlichkeit des Zeitlosen. Pflegefall Moderne". In: Ders.: *Kultur des Bewahrens. Schrägansichten zur Denkmalpflege*. Wien/Köln/Weimar 2008, S. 250

4 N.N.: „Die ‚Neue Vahr' in Bremen, ‚Ein Denkmal edler Einfalt'". In: *Spiegel Online* 2001. http://www.spiegel.de/sptv/reportage/a-142913.html (15.04.2018)

5 Skalecki, Georg: „Schleichender Substanzverlust an jüngeren Baudenkmälern in Bremen". In: *Die Denkmalpflege* 2/2009, 73. Jg., S. 145

6 Gesetz zur Pflege und zum Schutz der Kulturdenkmäler (Denkmalschutzgesetz DSchG). www.transparenz.bremen.de/sixcms/detail.php?gsid=bremen2014_tp.c.66030.de&asl=bremen203_tpgesetz.c.55340.de&template=20_gp_ifg_meta_detail_d (09.08.2018)

7 Vgl. dazu den Beitrag von Jürgen Tietz.

8 Reichow, Hans Bernhard: *Die autogerechte Stadt – Ein Weg aus dem Verkehrs-Chaos*. Ravensburg 1959

9 Ritze, Herbert: „Grossprojekt Bremen-Vahr. 10 000 Wohnungen in vier Jahren". In: *neue heimat. monatshefte für neuzeitlichen wohnungsbau* Nr. 8/9 1956, S. 1–14; N.N.: „Bremen-Vahr. Grundstein für 10 000 Wohnungen". In: *neue heimat. monatshefte für neuzeitlichen wohnungsbau* Nr. 6, 1957, S. 17–26

10 Hasche, Katja: *Substanz, Struktur oder Bild? Denkmalpflegerischer Umgang mit Siedlungen und Wohnanlagen der 1950er bis 1980er Jahre*. Dissertation Bauhaus-Universität Weimar 2018, S. 62

11 Der Begriff bei Lipp (wie Anm. 3), S. 311. Dazu auch Meier, Hans-Rudolf: „Sharing Heritage? Zur Transnationalität der Denkmale der Spätmoderne und zur denkmalpflegerischen Verantwortung der Überlieferungsbildung". In: Eckart et al. (wie Anm. 2), S. 91–99

Einordnung

# Stadtalltage beleben

Angelus Eisinger

Stadtalltag im Sinne nachbarschaftlicher, belebter, auf die alltäglichen Bedürfnisse ihrer Bewohnerschaft ausgerichtete Stadträume zu schaffen, verlangt eine Weitung des Aufgabenverständnisses, das gestalterische Entscheide, ökonomische Sachzwänge und nutzungsbezogene Anforderungen plausibel miteinander in Verbindung setzt.

Die Neue Vahr stellt sich gerade mit bemerkenswerter Weitsicht ihrer Zukunft: Der Beteiligungsprozess zur Weiterentwicklung des Stadtteils hat bislang zu drei Themenclustern geführt, die es nun konzeptionell zu vertiefen gilt. Es sind dies die drei Felder der Mobilen Stadt, der Blau-Grünen Stadt und der Stadt für Alle. In ihnen spiegeln sich drei räumlich-funktionale Grundkonstituenten eines jeden städtischen Alltags: die Strukturierung des Stadtraums als Mobilitätsraum, seine Ausstattung als Ort der Begegnung und Erholung und schließlich seine Programmierung als Ort der Versorgung mit unterschiedlichsten Dienstleistungen und Angeboten.

Doch wie können solche Alltagsqualitäten entstehen? Welche Referenzobjekte, Strategien und Konzepte können bei der Konkretisierung dieser Vorstellungen weiterhelfen? Der Artikel möchte sich diesen Fragen im Rückgriff auf eine Debatte annehmen, die die europäische Planungsdiskussion über die letzten gut drei Jahrzehnte geprägt hat – die Wiederentdeckung des öffentlichen Raums als archimedischem Hebel der Stadtentwicklung. Ausgangspunkte dieser Renaissance des öffentlichen Raums, den der zuvor dominante funktionalistische Städtebau sträflich ignoriert hatte, bildeten ab den 1980er Jahren insbesondere die Städte Barcelona und Lyon mit ihren Ambitionen, über neuartige Umgänge mit dem öffentlichen Raum und seinen prioritären Nutzungen identitätsstiftend zu wirken und das Alltagsleben zu reaktivieren. Diese Praxis hat seither viele Nachfolger gefunden und verdichtete sich namentlich in den Arbeiten von Jan Gehl und seinen Mitarbeitern gar zu einer Rezeptur, die mittlerweile gleichsam ubiquitär zur Anwendung kommt. Die stadtentwicklungsstrategische Essenz dieser Arbeiten am öffentlichen Raum liegt in der Vorstellung, es existiere eine unmittelbare und definierbare Verbindung zwischen der räumlichen Strukturierung über entsprechend dimensionierte, gestaltete und bespielte Plätze, Parkanlagen und Straßenräume einerseits und den sich vor Ort faktisch einstellenden Alltagsqualitäten andererseits. Längst haben solche Vorstellungen derartiger quasikausaler Verknüpfungen die akademischen Zirkel verlassen und sind von der Immobilienentwicklung übernommen worden: Die Realisierung überhoher und freier Erdgeschosse für kommerzielle, publikumsintensive Nutzungen als so genannte »Motoren der Urbanität« eines Stadtraums, die sich in den Arealentwicklungen seit den 1990er Jahren europaweit bis in die Gegenwart ausbreiten, sind unmittelbarer Ausdruck davon. Vielerorts fallen einem diese Orte allerdings als wenig benutzte Platzräume oder leere Erdgeschosszonen ins Auge, als recht aufwändig gestaltete Bühnen, denen eine Bespielung im Alltag fehlt. In dieser Diskrepanz zwischen der planerischen Intention und dem tatsächlichen Stadtalltag zeigt sich eine strukturelle Problematik, die anzugehen mir auch für ein erfolgsversprechendes Arbeiten an der Zukunft der Neuen Vahr als zentral erscheint. Bei der Suche nach einer Sicherung der planerischen Prägekraft des Gangs der Dinge – und darum muss es auch in diesem Prozess gehen – sind typologisch-räumliche Aspekte für sich genommen kaum von Belang. Stadtalltag im Sinne nachbarschaftlicher, belebter, auf die alltäglichen Bedürfnisse ihrer Bewohnerschaft ausgerichteter Stadträume zu schaffen, verlangt stattdessen eine Weitung des Aufgabenverständnisses, das gestalterische Entscheide, ökonomische Sachzwänge und nutzungsbezogene Anforderungen plausibel miteinander in Verbindung setzt.

Meine Suche nach Antworten auf die Frage, wie sich belebte und geteilte Stadträume entwickeln lassen, wird auf Erkenntnisse aus verschiedenen Fallstudien zurückgreifen, die sich explizit der Frage nach einer Belebung von Arealen annahmen. Einsteigen möchte ich in diese Diskussion mit Blick auf das Grossvorhaben von Madrid Rio, das deutlich macht, womit jede zukunftsorientierte Formung von Stadtalltag beginnen muss: mit einer tabulosen Analyse der vorhandenen Situation, die die Grenzen der bisherigen Praxis benennt und die Allianzen erkennt, die es braucht, um die Situation vor Ort für die Zukunft wirksam zu verbessern.

**Den Anfang macht Klarsicht**
Die Suche nach der autogerechten Stadt in den langen 1950er Jahren hat über Stadtautobahnen und massive Verkehrsinfrastrukturbauten tiefe Schürfungen und Wunden in unsere Städte geschlagen. Sie haben überall eine Vielzahl von Non-Lieux (Marc Augé) – also: Nichtorten – geschaffen, mit hoher Verkehrsbelastung und schweren Strukturproblemen. Über lange Zeit sind diese Verheerungen mehr oder weniger schulterzuckend zur Kenntnis genommen worden, ähnliches gilt für die parallel dazu erfolgende Entwertung des öffentlichen Raums zur Abstellfläche für Automobile, die bis heute als Sachzwang erscheint.

Einordnung

Ladenzeilen in der Neuen Vahr
Anfang der 1960er Jahre

Über die letzten Jahre haben sich verschiedene Städte diesem problematischen Erbe gestellt. Das viel publizierte Madrid Rio-Projekt ist dafür beispielhaft. Die Deckelung einer intensiv genutzten vielspurigen Stadtautobahn im Tal des Manzanares Flusses wurde konzeptionell kombiniert mit einer Stadtteilstrategie, die den gesamten Talboden neu denkt und aktuell voneinander getrennte Stadtteile auf beiden Seiten der Autobahn und des Flusslaufes verbinden möchte. Dazu verschränken sich Landschaftsarchitektur, Infrastruktur für Langsamverkehr und die Umnutzung eines baugeschichtlich wertvollen, aus seiner ursprünglichen Nutzung gefallenen Schlachthofs in ein Kulturzentrum zu einem neuen stadträumlichen Ensemble. Die urbane Produktivität dieser Allianz eröffnet sich tagtäglich in den neuen Selbstverständlichkeiten, die die Menschen in den Stadtraum einschreiben: spielende Kinder, gepflegt gekleidete ältere Paare auf ihrem Abendspaziergang, Radfahrer, Bänke voller plaudernder oder lesender Menschen belegen die Richtigkeit der Intervention. Wer das Madrid Rio-Projekt wegen seiner hohen Kosten vorschnell als zwar interessanten, aber für die eigene Sache komplett utopischen Fall zur Seite legt, übersieht die Grundhaltung, die dazu notwendig war, die vor allem nach Konsequenz in der Analyse ruft: Denkbeschränkungen und blinde Flecken der bisherigen Praxis zu benennen und zu überwinden. Konzeptionell fragt Madrid Rio danach, was es braucht, damit der Alltag im Tal tatsächlich neue urbane Qualitäten entfalten kann. Konkret bedeutet dies, die üblichen Prioritätsordnungen im Wechselverhältnis von Stadtentwicklung und Verkehr aufzugeben und deshalb den Verkehr als den gordischen Knoten zu begreifen, den es vor Ort zu zerschlagen gilt.

Beispiele für eine derartige strategische Entschiedenheit, die bisherige Praxis hinter sich zu lassen, finden sich mittlerweile in verschiedenen europäischen Städten. Diese Realisierungen eint die Einsicht, dass die Aufwertung des öffentlichen Raums als Begegnungs- und Identifikationsort einer Stadtgesellschaft nur dann gelingen kann, wenn die Fragen der konkret vor Ort gewünschten Qualitäten des Stadtalltags in der dazu notwendigen Breite reflektiert werden. In diesem Zusammenhang sind die ererbten Typologien des öffentlichen Raums, die gewissermaßen den Raum gewordenen Code der europäischen Stadt bilden, nicht mehr gestalterische Vorgabe, sondern inhaltlich triftige, aber interpretationsbedürftige Metaphern der stadtalltäglichen Qualitäten, die vor Ort anzustreben sind (das gilt natürlich erst recht für eine Großsiedlung wie die Neue Vahr, deren räumliche Logik nicht der gewachsenen Stadt entspricht). Im Zuge dieser Ausdeutungsprozesse weitet sich das Aufgabenfeld, das Planung überblicken und angehen muss, von räumlich-konzeptionellen Belangen zu einem reflektierten Umgang mit dem Faktor der gesellschaftlichen Zeit – verstanden als einem Management all der Bedingungen, dank derer die gewünschten Qualitäten der Raumnutzung auch langfristig erhalten werden können.

**Das Erdgeschoss als Ansatzpunkt lebendiger Stadtalltage**
Die Regionalplanung Zürich und Umgebung (RZU) hat sich über die letzten Jahre intensiv mit der Frage der künftigen Entwicklungsmöglichkeiten von Stadt- und Ortszentren beschäftigt. Dabei haben wir europaweit eine Vielzahl von aktuellen Fallbeispielen gesichtet, die sich diesem Thema aus ganz unterschiedlichen Perspektiven angenähert haben. Diese Beispiele haben wir aber nicht, wie das oft geschieht, als best practices verstanden, denen es in einer möglichst akribischen Übernahme nachzueifern gilt. Vielmehr sehen wir in ihnen interpretationsbedürftige Hinweisträger auf die elementaren Eigenschaften, die Planungsprozesse aufweisen sollten, um die Lücke zwischen Intention und Realität bei der Schaffung von Stadtalltagen zu verringern.

Einige der in der Neuen Vahr anstehenden Aufgaben sind genuin mit der Typologie der Großsiedlung verknüpft. Sie illustrieren, dass richtige Ideen von gestern, wie die Nachbarschaftsversorgung über kleine Geschäfte, von den heutigen Mobilitätsmöglichkeiten und den veränderten Logiken des Einzelhandels außer Kraft gesetzt worden sind. Da solche scheinbar banalen Realitäten üblicherweise stärker sind als jeder noch so raffinierte planerische Ansatz, ist die Zukunft dieser leeren Räumlichkeiten losgelöst von den ursprünglich geschriebenen Nutzungen im Sinne ihrer möglichen Funktion für eine Siedlungsgemeinschaft zu denken. Gleichzeitig harren, um ein weiteres schwieriges Erbstück der Typologie der Großsiedlungen anzusprechen, die stadtplanerisch einst als Abstandsräume gedachten Zwischenräume oft ihrer Aneignung. Simple Möblierungen und neu gestaltete Zugänglichkeiten können hier rasch Abhilfe schaffen und die Bevölkerung einladen, selber Agenten der Veränderungen zu werden.

Potenzialorte rund um das Aalto-Hochhaus

Straßenbahntrasse an der Kurt-Schumacher-Allee als Barriere zwischen den Nachbarschaften

## Einordnung

Welche Einsichten halten die im Zuge der Recherchen zu den Zentrumsentwicklungen gewonnenen Erkenntnisse für die Neue Vahr bereit? Im Fokus steht dabei das Erdgeschoss als ein Schlüsselelement bei der Bestimmung der Alltagsqualitäten und Atmosphären eines städischen Ensembles. Dies geht von der Überlegung aus, dass die Wahrnehmung von Stadtraum sich wesentlich auf Augenhöhe entscheidet. Damit werden das Erdgeschoss und die damit einhergehenden Übergänge vom Außenraum in die Angebote im Erdgeschossbereich zu zentralen Aufgabenstellungen bei der Entwicklung von Alltagsqualitäten und mithin der Identität eines Gebiets. Anzustrebende Aufenthaltsqualitäten im Außenraum gilt es dabei mit den Bedürfnissen zusammenzudenken, die aus den konkreten Erdgeschossnutzungen entstehen. In diesen räumlichen Verschränkungen von Innen und Außen kommen unterschiedliche Akteursgruppen und deren Interessenlagen beziehungsweise Restriktionen ins Spiel. Der Erfolg ihrer Programmierung hängt wesentlich von der Berücksichtigung der konkreten ökonomischen Kontextbedingungen eines Standorts und den faktischen Möglichkeiten der für die Belebung notwendigen Akteure ab.

Die Erkenntnisse aus den Fallstudien lassen sich zu folgenden drei sich wechselseitig stützenden Ansatzpunkten der Entwicklung von tragfähigen und im Siedlungsalltag genutzten Erdgeschossnutzungen verdichten:

1. Die Potenziale eines Ortes richtig einschätzen
Erdgeschossnutzungen lassen sich nicht im luftleeren Raum programmieren. Sie finden immer an einem konkreten Ort in einem konkreten Umfeld statt. Für die Neue Vahr gilt wohl, was für viele Stadtteile gilt: Sie befinden sich hinsichtlich ihrer Angebote im Erdgeschoss in einer schwierigen Ausgangslage. Einerseits sind sie für die Identität und das Image eines Gebiets von entscheidender Bedeutung. Gleichzeitig stellt die gute Erreichbarkeit, die diese Gebiete besitzen, für ihre weiteren Entwicklungsmöglichkeiten ein zweischneidiges Schwert dar. Das konkrete Angebot an Verkaufs- und Dienstleistungsangeboten hat sich deshalb auf die in einem Stadtteil zu erwartende Kaufkraft abzustellen. Diese hängt von der konkreten Angebotssituation vor Ort und den Angeboten in den umliegenden Gebieten ab. Vor dem Hintergrund dieser Abhängigkeiten lässt sich für das Gesamtgebiet einer Siedlung und seine Teilgebiete ein Angebotsprofil formulieren, das auf die im Stadtteil faktisch vorhandene Bedürfnisstruktur aufbaut und gleichzeitig die kritischen Massen der Nachfrage erkennt, die die verschiedenen Angebote benötigen, um längerfristig vor Ort erhalten zu bleiben. Die paradoxe Lagequalität, nahe und doch weit weg von den Angeboten des übergeordneten Zentrums oder gut erreichbarer Konsumeinrichtungen in der Umgebung zu sein, führt in bestehenden Quartieren oft dazu, dass die bereits vorhandenen Flächen leer stehen oder untergenutzt sind. Allmendräume, Jokerflächen, Ateliers und Gemeinschaftsräume sind weit mehr als Verlegenheitsantworten auf diese Situation. Ihre weitere Entwicklung wird beim Wegfallen ausschließlich kommerzieller Nutzungen zur Gemeinschaftsaufgabe: Aktivitäten im Leerstand, Ideenbörsen oder Wettbewerbe um konkrete Betreibergruppen laden die Anwohnerschaft dazu ein, ihr Umfeld selbst zu reflektieren und damit dessen Alltag als Moment eigener Zuständigkeit zu begreifen – mit im Prozess gewonnen realistischen Erwartungen bezüglich seiner Potenziale.

2. Stadtalltag verlangt nach belastbaren betrieblichen Grundlagen für Schlüsselakteure
Die strukturellen Leerstände und anhaltenden Vermietungsprobleme bei Erdgeschossnutzungen führen aktuell verschiedentlich dazu, dass ökonomisch gängige Pfade der Immobilienvermarktung aufgegeben und neue Wege ausgelotet werden, damit die für die Entwicklungsgebiete notwendige Ausstrahlung geschaffen werden kann. Eine Möglichkeit bildet die Querfinanzierung der öffentlichen Erdgeschosszonen durch die Wohn- und Dienstleistungsnutzungen des Ensembles, in denen sie sich befinden – als Beitrag zu den identitätsstiftenden Aktivitäten der das Erdgeschoss Betreibenden, von denen alle im Gebiet profitieren. Ein anderer Ansatz, der auch in Kombination mit der Logik der Querfinanzierung verwendet wird, ist die Ausstattung und Dimensionierung der konkret angebotenen Erdgeschossflächen anhand der effektiv benötigten Anforderungen potenzieller Mietender und deren wirtschaftlicher Realitäten. Kleinere und bescheidener ausgebaute Erdgeschosse erlauben dabei, die finanziellen Risiken der Betreibenden erheblich einzudämmen. Gemeinsam von Vermieter und Mieter reflektierte Businesspläne zeigen schließlich, ob die geplanten Gewerbenutzungen betriebswirtschaftlich auch tatsächlich längerfristig tragbar sind. Nur

dann sind nämlich die erforderlichen Bedingungen dafür gegeben, dass die Erdgeschosse auch den ihnen zugedachten Beitrag zur Identität eines Gebiets leisten können. Die Reflexion des individuellen unternehmerischen Risikos, das normalerweise einseitig den Mietenden aufgebürdet wird, wird deshalb Teil einer Bewertung aus dem Blickwinkel eines angestrebten Gesamtzustands.

3. Stadtalltage brauchen eine Vision und deren Kuratierung
Eine Reihe weiterer Ansätze versteht die Entwicklung der öffentlichen Erdgeschosse und der zugehörigen Außenräume als Ergebnisse einer übergeordneten Programmierung beziehungsweise Vision eines anzustrebenden Zielzustandes, die über einen aufwändigen Kuratierungsprozess konkretisiert wird.

Die Umsetzung solcher Visionen kann nicht einfach Marktkräften überlassen werden. Eine umsichtige Kuratierung beurteilt die einzelnen Angebote aus einer anzustrebenden Gesamtidentität und setzt die einzelnen Elemente miteinander in Beziehung. Auch hier steht der Programmierung der Erdgeschossnutzungen eine gehörige Portion Realismus Pate: Hohe Nutzungs- und Interaktionsdichte können nicht flächendeckend funktionieren, sondern rufen nach Schwerpunktsetzungen und Hierarchisierungen. Neue Angebote brauchen oft Starthilfen. Weder das eine noch das andere kann ein einzelner Akteur für sich vorantreiben. Sie sind aber zentrale Elemente einer übergeordneten Entwicklungsidee, die aus der Perspektive und Zielsetzung der gesamten Siedlung formuliert wird, Orientierung stiftet bei den Entscheidungen einzelner und Flächenangebote bündelt.

**Stadtalltag als Gemeinschaftsaufgabe**
Die Renaissance des öffentlichen Raums hat gezeigt, dass räumliche Konzepte allein nicht ausreichen, die den Planwelten zu Grunde liegenden Versprechen auf Qualitäten im Stadt- und Quartieralltag zu erzielen. Diese Alltagsqualitäten sind immer ein Zusammenspiel unterschiedlichster Akteure, die in dem Maße prägend wirken können, in welchem ihnen Rollen zugedacht sind, die sie auch tatsächlich ausfüllen können.

Daneben bedeutet Stadtalltag zu schaffen, eine Daueraufgabe anzunehmen. Die angedeuteten Kuratierungsansätze zeigen, dass es dabei eine kontinuierliche Beobachtung und bei Bedarf auch Intervention braucht. Anpassungen sollten aber nicht eine ererbte Situation zementieren wollen, sondern die Angebote eines Ortes vor dem Hintergrund der Bedingungen der Gegenwart bemessen. Gerade in diesem dadurch initiierten permanenten Wandel zeigt sich ihr urbaner Charakter.

Weiterführende Literatur:

Eisinger, Angelus / Seifert, Jörg (Hg.): *Urban RESET. Freilegen immanenter Potenziale städtischer Räume*, Barcelona/Basel/New York 2012

Gehl, Jan/Gemzøe, Lars: *Städte für Menschen*, Berlin 2015

Haller, Anna et al.: *Eine Vision wird real – 10 Jahre gesammelte Erfahrungen*, Zürich 2017

Masboungi, Ariella: «Solide Basis oder Kaltfront – Was passiert eigentlich im Erdgeschoss?» In: *Bauwelt*, 35, 2016

Oswalt, Philipp / Overmeyer, Klaus / Misselwitz, Philipp (Hg.): *Urban Catalyst. The Power of Temporary Use*, Berlin 2013

RZU, Stadtentwicklung Zürich, Mehr als Wohnen (Hg.): *Lebendige Erdgeschosse gestalten. Die Erdgeschosszone als eigenständige und interdisziplinäre Planungsaufgabe* (erscheint 2018)

Stadtentwicklung Zürich: *Warum publikumsorientierte Nutzungen in Quartierzentren wichtig sind*, Zürich 2013

Wüstenrot Stiftung (Hg.): *Herausforderung Erdgeschoss*, Berlin 2014

Zoller, Doris: *Schnittstelle Erdgeschoss. Wechselwirkung zwischen Öffentlich und Privat*, Münster 2016

Blick vom Dach des
Aalto-Hochhauses in Richtung
Osten über den Vahrer See

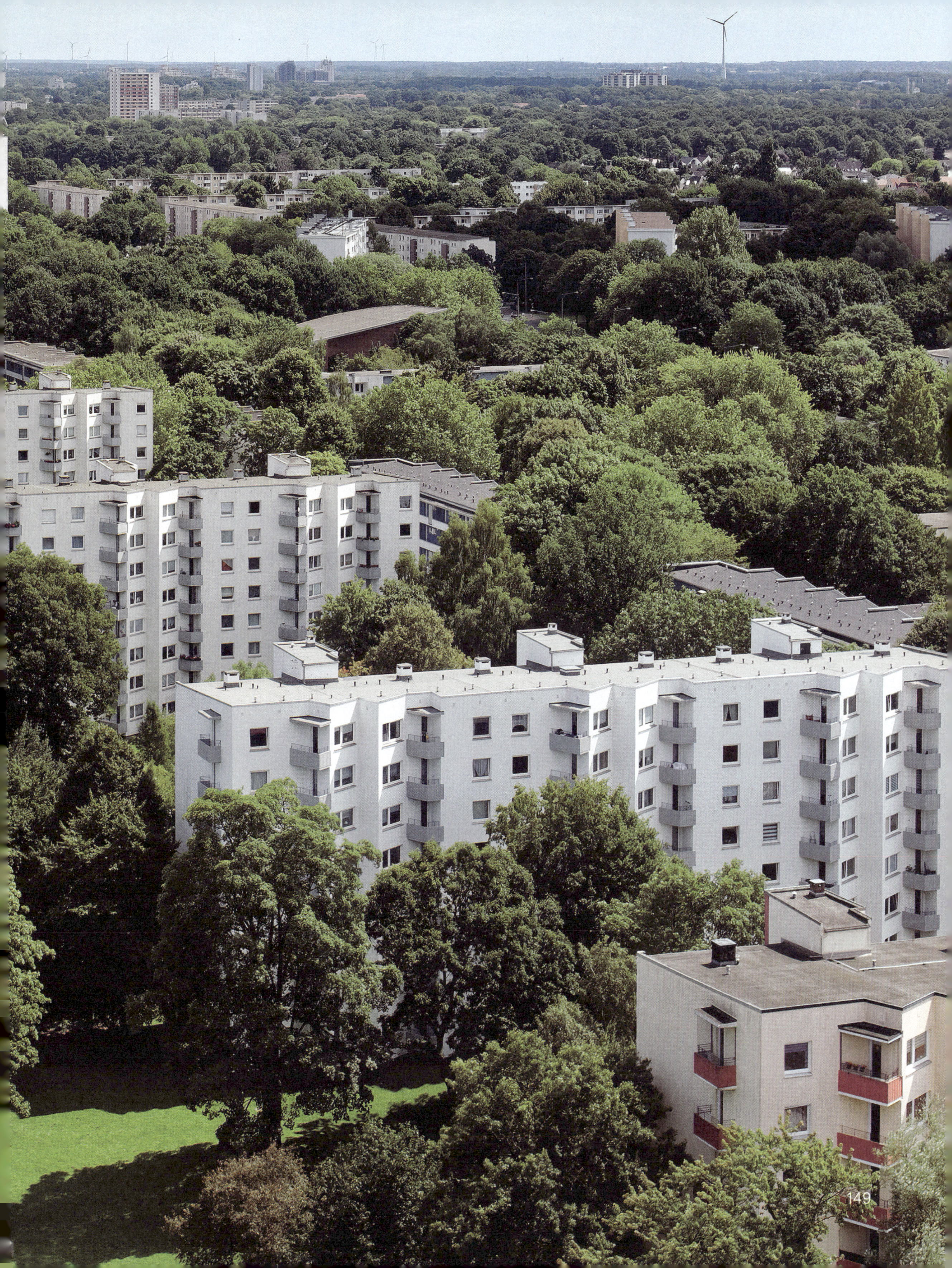

Einordnung

# Ein Baustein der Stadtentwicklung

Joachim Lohse

Heute, nach 60 Jahren, gehört die Vahr mit ihren Wohnungsbeständen, Verkehrsinfrastrukturen, Versorgungsbereichen und Grünräumen zu den Bestandsquartieren, die es für die Zukunft zu qualifizieren gilt.

Die Neue Vahr hat für den Wohnungsbau in Bremen im wahrsten Sinne des Wortes Geschichte geschrieben. In ihrer Entstehungszeit prägte die große neue Siedlung den Rand der wachsenden Stadt. Heute, nach 60 Jahren, gehört die Vahr mit ihren Wohnungsbeständen, Verkehrsinfrastrukturen, Versorgungsbereichen und Grünräumen zu den Bestandsquartieren, die es für die Zukunft zu qualifizieren gilt. Aus Sicht der Gesamtstadt und mit Blick auf die Rolle der Neuen Vahr als Teil des dynamischen Bremer Ostens, als einem Schwerpunktraum der Stadtentwicklung, müssen die ursprünglichen städtebaulichen Leitbilder auf den Prüfstand gestellt werden. Zugleich sind aktuelle Fragen zur demographischen Entwicklung, zur Integration neuer Bewohner, aber auch zu notwendigen Anpassungen des Gebäudebestandes und kommunaler Infrastrukturen an die Herausforderungen des Klimawandels oder die Perspektiven für die Mobilität im 21. Jahrhundert zu beantworten. Die GEWOBA hat einen umfangreichen kooperativen Leitbildprozess zur sozial-räumlichen Weiterentwicklung der Neuen Vahr durchgeführt und dabei vor allem die Perspektiven ihrer Bestände und die auf das Quartier bezogenen Entwicklungsthemen betrachtet. Hierfür wurden ein fachlich anspruchsvoller Kommunikations- und Beteiligungsprozess durchgeführt und ein Team aus Stadt-, Freiraum- und Verkehrsplanern beauftragt, Zukunftsperspektiven zu erarbeiten. Ein enger Kooperationspartner war das Bremer Ressort für Umwelt, Bau und Verkehr, das auch für die Stadtentwicklung und den Wohnungsbau zuständig ist. In diesem Zusammenhang konnten die Maßgaben aus dem 2015 neu aufgestellten Flächennutzungsplan mit einem integrierten Landschaftsprogramm, aber auch zentrale Aussagen des aktuellen Verkehrsentwicklungsplanes für Bremen auf einen bestehenden Stadtteil bezogen werden. Dabei hat sich gezeigt, dass diese drei großen Planwerke der Bremer Stadtentwicklung für die Neue Vahr die notwendige Orientierung geben können.

Ausgehend von einer Analyse der ursprünglichen städtebaulichen Konzeption der Neuen Vahr und einer Auseinandersetzung mit der Bestandssituation wurden drei aktualisierte Leitbilder formuliert. Unter dem Motto der „Mobilen Stadt" verweisen die Autoren im Sinne des Bremer Verkehrsentwicklungsplanes auf eine konsequentere äußere Anbindung der Vahr in Richtung Universität und Technologiepark, aber auch in Richtung des großen Industrie- und Logistikstandortes, um die Rolle der Vahr im Bremer Osten zu stärken. Die innere Erschließung und die Verknüpfung der Nachbarschaften kann durch eine Qualifizierung der teilweise informellen Alltagswege verbessert werden. Als ein wesentlicher Programmbaustein der städtebaulichen Weiterentwicklung werden Mobility-Hubs in mehreren Kategorien vorgeschlagen. Diese kombinieren in unterschiedlichen Ausstattungsgraden jeweils Schnittstellen im Verkehrssystem mit Einrichtungen der Nahmobilität und der Nahversorgung. Das ist ein zukunftsfähiges Modell.

Im Sinne der Blau-Grünen Stadt können die besonderen Qualitäten der Stadtlandschaft der Neuen Vahr durch ein Regenwassermanagement, das die Wasserqualität verbessert und die Uferbereiche einbezieht, wieder stärker erlebbar gemacht werden. Solche Ansätze bestätigen die Bremer Klimaanpassungsstrategie. Dazu gehört auch, untergenutzte Straßenräume im Sinne grauer Infrastruktur als Potenzial für neue Stadtraumqualitäten und Nutzungsangebote zu identifizieren. Die bestehenden Grünflächen können so weitergedacht werden, dass in den gewachsenen Nachbarschaften verschiedene Bereiche gezielt erneuert werden, und sich die Bewohner das Wohnumfeld auf neue Arten aneignen können. Besonders interessant sind hier generationsübergreifende Angebote, Beiträge zum „urban gardening" oder sogar zur „essbaren Stadt" mitten in einer Großsiedlung. Für eine städtebauliche Akzentuierung wurden mit dem Stichwort Stadt für Alle ausgewählte Orte in den Fokus genommen, die verschiedene Nutzungsbausteine der Mobilen Stadt und Anforderungen an zukunftsfähige Wohnangebote bündeln. Hier gilt es vor allem, Barrieren zu beseitigen, Versorgungsinfrastrukturen – insbesondere Kitas – zu integrieren und Nutzungen stärker zu mischen. Daraus kann sich ein behutsames Erneuerungsprofil im Bestand entwickeln, wenn es gelingt, verträgliche städtebauliche und gute architektonische Lösungen zu entwerfen.

Der durch die GEWOBA in der Neuen Vahr initiierte Leitbildprozess ist beispielhaft für die zukunftsfähige integrierte Entwicklung von Bestandsquartieren in Bremen. Er knüpft an das erfolgreiche Projekt im Rahmen des Förderprogramms Stadtumbau West in Osterholz Tenever an. Hervorzuheben ist die Sozialraumorientierung, auch konnten verschiedene Expertisen bis hin zur Denkmalpflege und europäischen Urba-

Einordnung

nistik im Umgang mit der städtebaulichen Moderne oder zur Zukunftsfähigkeit von Großwohnsiedlungen für den Bremer Diskurs genutzt werden. Dabei ist die Zukunftsfähigkeit eines für die Versorgung mit bezahlbaren Wohnungen erheblichen Wohnungsbestandes in Bremen genauer betrachtet worden. Insbesondere die Umweltaspekte und Perspektiven für eine zukunftsfähige Mobilität sind dabei von strategischer Bedeutung. Mit Blick auf die erfolgreiche Umsetzung von Beiträgen aus dem Wettbewerb „ungewöhnlich wohnen" hat die GEWOBA in jüngster Zeit gezeigt, dass sie neue Wohnprojekte erfolgreich und mit hoher Qualität in ihren Bestandsquartieren realisieren kann.

Insgesamt hat der Leitbildprozess für die Neue Vahr verdeutlicht, dass der Typus einer Großsiedlung in Verantwortung eines leistungsfähigen Wohnungsunternehmens mit der notwendigen Komplexität in den Dimensionen eines ganzen Quartiers sowie mit Respekt vor der eigenen Geschichte weiterentwickelt werden kann.

# Anhang

Anhang

# Autoren und Beteiligte

## Beteiligte

### Planungsteams

**ARGUS Stadt und Verkehr, Hamburg**
Team: Konrad Rothfuchs, Christian Scheler, Larissa Brandenstein

**bgmr Landschaftsarchitekten, Berlin**
Team: Dr. Carlo Becker, Dirk Christiansen, Christine Guérard

**COBE Berlin**
Team: Prof. Dr. Vanessa Miriam Carlow, Ines Dobosic, Julia Haun, Tina Steinke, Iulian Tatarciuc, Sandor Novak, Sebastiano Lo Giudice, Friedemann Hack, Antoinette Oni

**Milieuanalyse und Mitwirkungsverfahren**
vhw – Bundesverband für Wohnen und Stadtentwicklung e.V.
Team: Prof. Dr. Jürgen Aring, Dr. Thomas Kuder, Anna Voth

**Externe Experten**
Dr. habil. Angelus Eisinger, RZU Zürich
Dr. Bernd Hunger, GdW- Bundesverband deutscher Wohnungs- und Immobilienunternehmen e.V., Berlin
Prof. Dr. Hans-Rudolf Meier, Bauhaus Universität Weimar
Alanus von Radecki, Fraunhofer IAO, Stuttgart

**Auslober**
GEWOBA Aktiengesellschaft Wohnen und Bauen in Kooperation mit dem Senator für Umwelt, Bau und Verkehr, Bremen und dem Ortsamt Schwachhausen/Vahr sowie Ortsbeirat Vahr

**Konzeption und Organisation**
GEWOBA Aktiengesellschaft Wohnen und Bauen
Projektleitung Petra Kurzhöfer, Jörn Ehmke in Zusammenarbeit mit Prof. Katja-Annika Pahl

**Konzeption und Redaktion des Buches**
Prof. Katja-Annika Pahl, Jörn Ehmke

## Autoren

**Jürgen Aring** ist seit 2015 Vorstand des vhw – Bundesverband für Wohnen und Stadtentwicklung e.V. Er studierte in Münster und Oslo Geographie und promovierte 1999 an der Universität Oldenburg zum Thema Suburbanisierung. Von 2005 bis 2012 war Jürgen Aring als Professor für Stadt- und Regionalplanung an der Universität Kassel tätig. Es folgte eine Gastprofessur an der Eidgenössischen Technischen Hochschule Zürich und eine Vertretungsprofessur an der Technischen Universität Dortmund. Neben seiner wissenschaftlichen Arbeit ist Jürgen Aring auch immer Praktiker gewesen. Er gründete 2002 das Büro für angewandte Geographie (BFAG), mit dem er bis 2014 eine Vielzahl von Projekten erfolgreich bearbeitete.

**Vanessa Miriam Carlow**, geboren 1975, ist Architektin und Stadtplanerin. Sie studierte Architektur und Städtebau an der Technischen Universität Berlin und Technischen Universität Delft und absolvierte einen Master in Urban Management an fünf europäischen Universitäten. Sie ist an der Königlich Dänischen Kunstakademie Kopenhagen in strategischer Planung promoviert. Mit ihrem Ruf zur Professorin und Leiterin des Institute for Sustainable Urbanism (www.sustainableurbanism.de) im Jahr 2012 gründete Carlow das Büro COBE Berlin (www.cobe.de). Zuvor war sie Mit-Gründerin von COBE in Kopenhagen (2005). Carlow war Gast-Professorin an zahlreichen Universitäten, u.a. der Cornell University New York. Sie ist gefragte Jurorin in Wettbewerben und Gutachten.

**Dirk Christiansen** wurde 1967 in Lübeck geboren. Er studierte Landespflege an der Fachhochschule Osnabrück, sowie Städtebau und Stadtplanung an der TU Hamburg-Harburg. Nach Mitarbeit in verschiedenen Landschaftsarchitekturbüros in Hamburg und Berlin arbeitet er seit 2002 für bgmr Landschaftsarchitekten. Hier beschäftigt er sich themenübergreifend mit strategischen Freiflächenentwicklungsplanungen, Forschungsassistenzen sowie Konzept- und Objektplanungen vom Entwurf bis zur baulichen Umsetzung. Er war tätig als Lehrbeauftragter an der Technischen Universität Berlin am Institut für Landschaftsarchitektur und Umweltplanung und ist mit bgmr Landschaften in verschiedenen nationalen und internationalen Wettbewerben erfolgreich. Seit 2015 ist er als geschäftsführender Gesellschafter Mitinhaber von bgmr Landschaftsarchitekten GmbH.

**Angelus Eisinger** ist habilitierter Städtebau- und Planungshistoriker. Seit April 2013 ist er Direktor der Regionalplanung Zürich und Umgebung. Von 2008 bis 2013 war er Professor für Geschichte und Kultur der Metropole an der HafenCity Universität in Hamburg, davor Professor für Städtebau und Raumentwicklung an der Hochschule Liechtenstein. Seine umfangreiche Publikations- und Beratungstätigkeit fokussiert Fragen der aktuellen Stadt- und Raumentwicklung. Aktuelle Arbeitsschwerpunkte bilden innovative Planungsansätze, funktionalräumliche Transformationsstrategien sowie Wirkungsanalysen von Planungsprozessen. Eisinger ist Mitglied des Kuratoriums der IBA Basel 2020.

**Bernd Hunger**, Dr. phil. Dr.-Ing., ist Stadtplaner und Stadtsoziologe in Berlin. Seit 1999 ist er Referatsleiter für Stadtentwicklung und Wohnungsbau beim GdW Bundesverband deutscher Wohnungs- und Immobilienunternehmen e.V. Nach seiner Tätigkeit als wissenschaftlicher Assistent am Lehrstuhl für Städtebausoziologie der Hochschule für Architektur und Bauwesen Weimar war er seit 1987 Abteilungsleiter am Institut für Städtebau und Architektur der Bauakademie der DDR. Seit 1991 ist er als Inhaber des StadtBüro Hunger Stadtforschung und -entwicklung an zahlreichen Planungs- und Forschungsvorhaben für Kommunen, Länder, Bund und Wohnungswirtschaft beteiligt. In der akademischen Lehre war er als Gastprofessor für Stadtsoziologie an der Universität Oldenburg und für Planungstheorie am Institut für Stadt- und Regionalplanung der TU Berlin tätig. Er ist Vorstandsvorsitzender des „Kompetenzzentrum Großsiedlungen Berlin" e.V. und Mitglied der Deutschen Akademie für Städtebau und Landesplanung.

**Thomas Kuder** studierte Stadt- und Regionalplanung an der Technischen Universität Berlin. Nach seinem Diplom arbeitete er fünf Jahre als kommunaler Stadtplaner in Berlin-Tiergarten. 1994 wechselte er als Wissenschaftlicher Mitarbeiter an die TU Berlin und promovierte 2002 zum Dr.-Ing. der Stadt- und Regionalplanung. 2003 bis 2009 war er Wissenschaftlicher Mitarbeiter am Leibniz-Institut für Regionalentwicklung und Strukturplanung und leitete die Bundestransferstelle Städtebaulicher Denkmalschutz. Seit 2009 arbeitet er als Wissenschaftlicher Referent / heute Seniorwissenschaftler beim Bundesverband für Wohnen und Stadtentwicklung (vhw) in Berlin. Arbeitsschwerpunkte: Integrierte Stadtentwicklung und Governance.

# Anhang

**Joachim Lohse** ist seit Juni 2011 Senator für Umwelt, Bau und Verkehr der Freien Hansestadt Bremen. Der promovierte Naturwissenschaftler (Diplom-Chemiker und Geowissenschaftler) war bis 2003 Mitglied der Geschäftsführung von Ökopol – Institut für Ökologie und Politik GmbH in Hamburg und von 2003 bis 2009 leitender Geschäftsführer des Freiburger Öko-Instituts. Von März 2010 bis Juni 2011 war er Dezernent für Verkehr, Umwelt, Stadtentwicklung und Bauen in Kassel, im Anschluss wurde er Mitglied der Bremer Landesregierung.

**Hans-Rudolf Meier** ist Kunsthistoriker, hat an der Universität Basel promoviert und habilitiert und ist nach Lehr- und Forschungstätigkeiten an der ETH Zürich, der Uni Fribourg und der Technischen Universität Dresden seit 2008 Professor für Denkmalpflege & Baugeschichte an der Fakultät Architektur & Urbanistik der Bauhaus-Universität Weimar. Er war langjähriger Vorsitzender des Arbeitskreises Theorie und Lehre der Denkmalpflege, Sprecher des BMBF-Projekts „Welche Denkmale welcher Moderne?" und ist stellvertretender Sprecher des DFG-Graduiertenkollegs „Identität und Erbe". Er forscht und publiziert hauptsächlich zur Geschichte und Theorie der Denkmalpflege und zur Architekturgeschichte des Mittelalters und der Moderne.

**Frank-Heinrich Müller** wurde 1962 geboren. Er studierte Photographie an der Hochschule für Grafik und Buchkunst, Leipzig und diplomierte dort 1993 bei Joachim Brohm. 1994 gründete er das Photographiedepot als Archiv für Bilddokumentation in Leipzig. 1996 hatte er ein DAADStipendium im Bereich Stadtdokumentation an der Columbia University in New York, The Graduate School of Architecture, Planning and Preservation bei Peter Marcuse. 2009 war er Vertretungsprofessor im Masterstudiengang M.A. Photography an der Burg Giebichenstein Hochschule für Kunst und Design Halle/Saale.

**Katja-Annika Pahl** ist Architektin und seit 2008 Professorin für Entwerfen und Darstellung/Gestaltung an der Hochschule Bremen. Sie ist Studiengangsleiterin der School of Architecture und stellvertretende Sprecherin des Forschungsclusters Region im Wandel. Sie studierte von 1991–97 Architektur an der Technischen Universität Braunschweig und lehrte von 1998 bis 2008 als wissenschaftliche Mitarbeiterin an der Technischen Universität Dresden sowie 2004 als Gastprofessorin an der Kent State University, USA. Als Architektin erzielte sie eine Reihe von Wettbewerbserfolgen und realisierte hochbauliche sowie städtebauliche Projekte. Sie ist regelmäßig als Jurorin bei Architekturwettbewerben tätig und Mitglied im Vorstand des BDA Bremen.

**Iris Reuther** wurde 1959 geboren. Nach einer Lehre als Landschaftsgärtnerin und einem Architekturstudium mit anschließender Promotion an der Bauhaus Universität Weimar war sie wissenschaftliche Mitarbeiterin der Bauakademie der DDR in Berlin. 1991–2013 war sie freie Architektin und Inhaberin des Büros für urbane Projekte in Leipzig und 2004–2013 Professorin für Stadt- und Regionalplanung an der Universität Kassel. Seit 2013 ist sie Senatsbaudirektorin der Freien und Hansestadt Bremen und verantwortlich für Stadtentwicklung, Stadtplanung, Städtebau, Bauleitplanung, Bauordnung, Baukultur, Wohnungsbau und Städtebauförderung. Sie ist Mitglied der Deutschen Akademie für Städtebau und Landesplanung sowie außerordentliches Mitglied des BDA.

**Konrad Rothfuchs** studierte Bauingenieurwesen sowie Städtebau und Stadtplanung. Seit 1987 ist er Mitinhaber des in Hamburg ansässigen Planungsbüros ARGUS Stadt und Verkehr. Das Büro mit rund 85 Mitarbeitenden beschäftigt sich mit allen Fragen des städtischen Verkehrs. Er ist 1. Vorsitzender des Verbandes freier Ingenieure für Straßenbau in Hamburg (VFIS), Vizepräsident der Bundesvereinigung der Straßenbau- und Verkehrsingenieure (BSVI) sowie der Hamburgischen Ingenieurkammer-Bau. Zudem ist er Mitglied im Arbeitskreis Stadtentwicklung der Hamburgischen Architektenkammer. Seit 2017 hat Konrad Rothfuchs Lehraufträge an der HafenCity Universität Hamburg und an der Leibniz Universität Hannover inne.

**Christian Scheler** studierte Architektur und Urban Design. Sein Arbeitsschwerpunkt liegt an der Schnittstelle von Verkehr, Mobilität und (Stadt-)Raum auf unterschiedlichen Maßstabsebenen. Im Stadt- und Verkehrsplanungsbüro ARGUS ist er Projektleiter unter anderem für integrierte städtebauliche Konzepte für Quartiere, Mobilitätskonzepte, konzeptionelle Studien zu Bahnhofsumfeldern und Standortbestimmung für E-Ladeinfrastruktur. Zudem hatte er Lehraufträge im Fachbereich Integrierte Verkehrsplanung und Mobilitätsentwicklung an der Universität Kassel und an mehreren Lehrstühlen an der HafenCity Universität Hamburg. Er ist Mitglied im Arbeitskreis Mobilitätsmanagement des Berufsverbands für Stadt-, Regional- und Landesplanung SRL.

**Peter Stubbe** ist seit 2011 Vorstandsvorsitzender der GEWOBA Aktiengesellschaft Wohnen und Bauen in Bremen. Sein Weg in die Hansestadt führte ihn über Frankfurt und Leipzig, wo er verschiedene Führungspositionen in der Immobilienbranche innehatte. So war Stubbe zunächst als Projektleiter/Sanierungs- und Entwicklungsbeauftragter bei der Nassauischen Heimstätte Wohnungs- und Entwicklungsgesellschaft mbH tätig, bevor er dort 1998 die Aufgabe als Geschäftsstellenleiter übernahm. Drei Jahre später wurde er zum Geschäftsführer der Leipziger Wohnungs- und Baugesellschaft mbH ernannt. Peter Stubbe ist zudem qualifiziertes Mitglied des internationalen Berufsverbandes RICS (Royal Institution of Chartered Surveyors), der für die professionelle Berufsausübung in allen Bereichen der Immobilienwirtschaft steht. Als Dozent im MBA-Studiengang Real Estate Management der HTW und der BBA Berlin gibt Stubbe sein Wissen weiter.

**Jürgen Tietz**, geboren 1964, studierte nach seiner Ausbildung zum Buchhändler in Berlin Kunstgeschichte, Klassische Archäologie und Ur- und Frühgeschichte und hat an der Technischen Universität Berlin promoviert. Er arbeitet freiberuflich als Publizist, Architekturkritiker und Moderator. Tietz ist Mitglied im Gestaltungsbeirat Fulda und im Denkmalrat Hamburg. Zuletzt erschien bei NZZ-Libro sein Buch Monument Europa. Wie Baukultur europäische Identität stiftet.

**Bildnachweis**

Als Basis der Pläne des Ergebnisteils wurden folgende Plangrundlagen verwendet:
© GeoBasis-DE / Geoinformation Bremen 2016
und
© OpenStreetMap-Mitwirkende - Lizenz CC BY-SA 2.0 - www.openstreetmap.org/copyright

ARGUS / bgmr / COBE Berlin: 82, 83

ARGUS: 86-101

Archiv bzb-Bremer Zentrum für Baukultur, Fotograf: Hermann Ohlsen: 16, 26, 27

ASP Atelier Schreckenberg Planungsgesellschaft mbH, Bremen Plangrundlage
© GeoBasis-DE / Geoinformation Bremen 2016: 36

BGMR: 104-117

COBE Berlin: 120-133

Ernst May u.a / Hamburgisches Architekturarchiv, Bildarchiv der Neuen Heimat: 35 oben

Frank-Heinrich Müller @ photographiedepot.de: 65 - 77, 139, 145, 148, 149

GEWOBA: 6

Hamburgisches Architekturarchiv, Bildarchiv der Neuen Heimat: 8, 9, 17, 21, 39, 40, 42, 43, 46, 47, 138, 140, 144

Hamburgisches Architekturarchiv, Bildarchiv der Neuen Heimat, Fotograf Franz Scheper: 12, 13, 14, 30, 31, 38, 41, 44,

Hamburgisches Architekturarchiv, Bildarchiv der Neuen Heimat. Ausschnitt aus einer Skizze von A. Eigener: 141
neue heimat Monatshefte, 1956/8-9, S.10 / Hamburgisches Architekturarchiv, Bildarchiv der Neuen Heimat: 35 unten

© OpenStreetMap-Mitwirkende - Lizenz CC BY-SA 2.0 - www.openstreetmap.org/copyright (Kartengrundlage): 52, 53

Pralle Sonne, Berlin: 63

Sketchnotes by Diana, Bremen: 62

vhw/sinus/microm 2017: 61

**Impressum**

© 2018 by jovis Verlag GmbH
Das Copyright für die Texte liegt bei den Autoren.
Das Copyright für die Abbildungen liegt bei den Fotografen/
Inhabern der Bildrechte.

Alle Rechte vorbehalten.

Herausgeber: Katja-Annika Pahl, Iris Reuther, Peter Stubbe, Jürgen Tietz
Redaktion: Katja-Annika Pahl und Jörn Ehmke
Lektorat: Verena Pfeiffer-Kloss, jovis

Gestaltung: QART Büro für Gestaltung, Hamburg
Lithografie: Bild1Druck, Berlin
Gedruckt in der Europäischen Union

Bibliografische Information der Deutschen Nationalbibliothek
Die Deutsche Nationalbibliothek verzeichnet diese Publikation in
der Deutschen Nationalbibliografie; detaillierte bibliografische
Daten sind im Internet über http://dnb.d-nb.de abrufbar.

jovis Verlag GmbH
Kurfürstenstraße 15/16
10785 Berlin

www.jovis.de

jovis-Bücher sind weltweit im ausgewählten Buchhandel erhältlich.
Informationen zu unserem internationalen Vertrieb erhalten Sie von
Ihrem Buchhändler oder unter www.jovis.de.

ISBN 978-3-86859-533-8

Aus Gründen der Lesbarkeit und der sprachlichen Vereinfachung
haben wir bei Personen die männliche Substantivform
verwendet, wenn keine geschlechtsneutrale Formulierung
möglich ist. Gemeint sind immer alle Geschlechter.

Mit freundlicher Unterstützung der
GEWOBA Aktiengesellschaft Wohnen und Bauen, Bremen